「芸」と「能」

清水ミチコ
酒井順子

JN210434

もくじ

まえがき　酒井順子　6

酒井順子

八代亜紀　9
ユーミン　18
舞妓　26
集団行動　34
お楽しみ会　42
イタコ　51
ジブリ　61
森光子　71
ヨーヨー・マ　81
大喜利　91
ババとロック　100
フィギュア　110

清水ミチコ

「芸」と「人」　14
化粧　22
トリビュートコンサート　30
交換日記　39
沖縄のユタ　46
東京エナジー　56
欲と夢　66
武道館公演　76
どんどん装着　86
舞台袖　96
嘘と私　105
審査員　115

姫 119
タモリさん 124
ヅカ 128
UFO 133
ルーズヴェルト・ゲーム 138
ライバル 143
能楽 148
声と顔 153
声の変化 157
プールとメンタル 162
水着と眼鏡 166
顔と視線 171
ディズニー 176
「瞑」と「想」 181
文字 185
まだまだ努力家 190
話す 194
ハロウィンの次は 199
セミプロ 203
紅白2014 208
趣味の演芸 213
芸能水まわり 218
往年のヒット 222
ボイパと客席 227
話芸と文芸 231
あとがき 清水ミチコ 236
解説 光浦靖子 239

まえがき

酒井順子

長年の清水ミチコさんファンである私。テレビでそのお姿を拝見しつつ、おこがましくも「清水さんと私は、どこかが似ているのではなかろうか？」と思っていました。何が似ているのかはよくわからないものの、きっと面白さを感じる部分が似ているのでは……、そしてどことなく顔も似ているのでは……、という気がしていたのです。

しかし清水さんのライブへ行くようになってからは、「似ている」などと思っていたことを恥じるようになりました。テレビでの清水さんの芸は、氷山のほんの一角。テレビでのミチコ、それはものすごい爪を隠した鷹だった。……ということにライブ会場で身をよじって笑い転げつつ気がついた私は、「全然似ていないです、すいません」と思ったのです。

清水さんはまた、エッセイの名手でもいらっしゃいます。それはモノマネの手法とも共通するのですが、物事を切り取るその包丁さばきが鋭すぎる。ごく普通の素材をスパッと切れば、その切り口からじんわりと染み出す、可笑しみのエキス。清水さんの文章を読む度に、「清水さんは、モノマネも文章もプロ。だというのに私は、文章を書くことしかできない！」と自己嫌悪に陥り、密かに清水さんのモノマネレパートリーの中から、自分にもできそうなもの（瀬《せ》戸内寂聴《とうちじゃくちょう》先生等）を練習したこともありましたっけ。

そんな中、清水さんと初めてお目にかかる機会がやってきました。拙著に収録する特別対談へのご登場をお願いしたところ、清水さんがお引き受け下さったのです。好きな女の子と二人きりになった男子中学生のように興奮してしまった私と、清水さんは優しくお話しして下さり、「わかってはいたけれど、なんて素敵な方〜！」と、私の目はハートになったことでした。

こんな私ですから、その後、清水さんとのリレーエッセイのご提案をいただいた時、天にも昇らんばかりの気持ちになったことは、言うまでもありません。その時、私が考えたタイトルは「『芸』と『能』」。私は様々芸能を観るのが好きなのですが、それというのも自分の仕事が芸能とは対極に位置するものだからなのです。身体を使って何かを他人に見せる、もしくは聴かせるのが、芸能に携わる人々。対して物書きは、誰からも見られることなく、パソコンの前で黙々と文字を打つ。それもまた「文芸」と言われる一種の芸ではありますが、人から見られる芸とはおおいに異なる発露の仕方です。

そんな中で清水さんは、芸能の人でありつつ、文芸の人でもあるのでした。ぜひとも二つの「芸」にまつわる「能」について、うかがってみたいではないの……、と思ったのです。

読み返すと、二人のやりとりは時に絡み合ったり時に全く違う方向を向いたりと、その付かず離れずっぷりが可笑しいところ。そして二つの「芸」の間を自由に、そして当たり前のように行き来している清水さんに、私はますます魅了されたのです。二つの「芸」は正反対のものでなく、もしやどこかでつながっているのではないか、と。

二人でエッセイをやりとりする手法は、芸能的には「掛け合い」と言うのかもしれません。相手がいることによって、一人で書く場合は絶対に気づかないようなことがわかったり、自分の知らない面が見えたり。「おっ、清水さんがこんなことをお書きになっている。だったら私は……」などと思うことによって、書くことの孤独さを忘れることができました。

清水さんへの熱い感謝とともに、二人の掛け合いエッセイ、始まりです。

八代亜紀

酒井順子

清水ミチコさま

人生において紅白歌合戦を見逃したことが無い私ですが、紅白を見ながらもいつも気になっているのは、「清水ミチコさんは、今年の紅白をどう見ておられるのか？」ということなのです。今までも、数々の紅白ソングを名モノマネに仕上げてこられた清水さん。紅白ならではの、際立って個性的な歌や歌手が登場すると、清水さんが「キター！」と思っておられるのではないかと、気になってしょうがありません。

二〇一二年末の紅白における出色のプログラムは、やはり美輪《みわ》明宏《あきひろ》さんの「ヨイトマケの唄」でありました。深閑としたステージで、美輪さんが魂を込めて歌う姿を見つつ、私の脳裏には清水さんが歌う「ヨイトマケの唄」が響いてきて、つい笑みが……。

という風にも楽しむことができた紅白でありましたが、今回の紅白に対しては、否、ここ十年ばかりの紅白に対しては、一つ大きな不満があるのです。それは、「八代亜紀《やしろあき》が出ていない」ということ。八代亜紀さんは、二〇〇一年の紅白を最後に出演していないのですが、今回は小林幸子《こばやしさちこ》さんの落選に伴って八代さんが復活するのではとささやかれ、私はおおいに楽しみにしていました。

それというのも、四十歳を過ぎた頃から、八代亜紀さんの声が急激に私の心に沁みるようになったから。きっかけは、寅さんシリーズ最終作の後に出た「男はつらいよ寅次郎ハイビスカスの花　特別篇」を観た時のこと。その主題歌を、既に死去していた渥美清《あつみきよし》さんの代わりに、八代さんが歌っていたのです。

「ふんと〜う努力の甲斐もなく……」

といったおなじみの詞が、八代亜紀のハスキーボイスで響いた瞬間、私のハートはわしづかみに。そうして八代亜紀および演歌に、私は目覚めたのです。

開眼後、葛飾《かつしか》は亀有《かめあり》駅前のホールで八代亜紀コンサートが開かれるというので、早速行ってみることにしました。ロビーには、亜紀ちゃんが描いた絵が展示してあって、独自なムード。ステージ上の亜紀ちゃん（知り合いではないのですが、つい亜紀ちゃんと呼びたくなる愛らしさなのです）の衣装も、絵の世界に通じるところがありました。

が、歌はやはり素晴らしかった。外は豪雨で、

「こんな日は歌いにくいのよネ〜」

と言いながらも、「雨雨ふれふれもっとふれ」と、「雨の慕情」。そしてもちろん、「舟唄」。昭和のヒット曲が胸を打つ。亀有という土地がまた、演歌を聞くのに適していました。

二〇一二年には、小西康陽《こにしやすはる》さんがプロデュースしたジャズアルバム「夜のアルバム」がリリースされ、ブルーノート東京において、一夜限りのジャズライブが開催されることに。私も必死にe＋の先行予約にてチケットを入手し、行ってきました青山へ。

亀有のホールとは全く客層の違う、ブルーノート。洒落た大人達が、一杯飲みながら開演を待っています。そこに登場した亜紀ちゃんも、亀有で着ていたドレスとは全く違う、シックな黒の衣装。

一曲目は、「サマータイム」。ジャズのことはほとんど知らない私ですが、この歌い出しを聞いた瞬間、背筋がぞくぞくっとしました。もちろん、寒いわけではありません。感動のあまり、背中の産毛が逆立ったのです。

亜紀ちゃんは子供の頃からジャズを聞き、当初は銀座などのクラブでジャズを歌っていたそうで、いわばジャズはふるさとのようなもの。「フライ・ミー・トゥ・ザ・ムーン」「五木《いつき》の子守唄」からの「いそしぎ」、といった歌の数々であっという間に時は過ぎ、アンコールで歌われたのは「舟唄」のジャズバージョン！　ヒット歌謡の求心力というのは圧倒的で、会場は一気にヒートアップ、そして私は感動のあまり、思わず目頭が熱く……。八代亜紀と「夜」との好相性に、どっぷりと浸ったライブでした。

そんなわけで八代熱にすっかりのぼせた私は、「今年の紅白出場、間違いなし」と確信しつつ年末を迎えたのに、あえなく落選。その枠を取ったと思われる由紀《ゆき》さおりさんを眺めつつ、「来年こそは！」と思ったのです。

今年も、早々に亜紀ちゃんのライブに行って参りました。今回もまた、「一夜限りのプラチナライブ」と銘打たれており、場所は目黒。ジャズの影響か、若いカップルや外国人もいて、やはり亀有とは全く違う客層です。やはり演歌は封印し、ジャズの他には「アメイジング・グレイス」なども。日本のソウルを表現する声は、海外のソウルを歌うこともできることを、再確認しました。

コンサートが終了した後、すっかり感じ入った私の口から出て来たのは、亜紀ちゃんのトークのモノマネでした。普段テレビで八代亜紀のトークを耳にする機会は少ないかと思いますが、彼女は実に可愛らしい話し方をするのです。赤ん坊に話しかけるお母さんと、ヤクザに入れあげる情婦を足して二で割ったような、何とも甘い、とろける滑舌。……なのですが、これを真似したくてもできない自分がもどかしい。

次の紅白こそ、八代亜紀の歌を、そしてトークを。……と密かに願いつつ、そして亜紀ちゃんのモノマネの鍛錬もしつつ、目黒の坂を下っていった私だったのでした。

「芸」と「人」

清水ミチコ

酒井さん、こんにちは。

まずはオリジナリティに溢れながら誰にでもわかるという素晴らしきタイトル、(「芸」と「能」)、どうもありがとうございました。おかげさまでいい連載になりそうですね。

こういう言葉のチョイスも芸の一種だと思うのですが、「芸人」という言葉と一緒で、こっちは誉めてるつもりで口にしても、ひょいと失礼になっちゃいそうで、むつかしい時がありますね。

この「芸人」という言葉、昔はそこはかとなく哀しい響きだったのに、今は全くウエットでもなく、普通にカラッと使われるようになりました。むしろちょっといいカンジ、にすらなっているかもしれません。

ブームってすごいですね。言葉の印象まで変えてしまうという。

私がテレビ業界に入った頃(一九八七年)は、お笑い系の女性の数はまだぜんぜん少なかったものでした。

当時は山田邦子《やまだくにこ》さん、久本雅美《ひさもとまさみ》さん、野沢直子《のざわなおこ》さんなど、数えるくらいしかおらず、お笑いの現場に女子がいる、というだけで珍重されてたようなフシがありました。今はやたら増えてきたので、居場所が大変そうですが、私の世代たるやスッカスカだったのです。

女性の楽屋はいつもがらーん。

「今思えばトクしてたよね〜、これで昨日や今日デビューなんかしてみ、芽が出ん事よ」

などと先日も同輩と話をしました。ライバルがいない広さ、珍味でいられる責任の軽さ、ネットもない自由さ。

って、当時は実はそんな事にも気がついちゃいませんでしたが、振り返ればありがたい時代だったのだ、と、今頃になってしみじみわかる。

ところでこないだテレビを観てたら、東野幸治《ひがしのこうじ》さんがこんな事を言ったので、私はとても驚きました。

「関西にはつい最近までモノマネ文化なんて、なかったんですよ〜」

えええ〜！　そうなの？

びっくりです。

東西で多少の違いはあろうとも、てっきり全国的に似たようなものだとばかり思っていたので。言われてみれば、関西でモノマネ芸人がいるとか、モノマネのショーパブがあって、などという話はあんまり聞いた事がないような。

ありそうなのに、なかったのか！

すごく不思議です。

つか、この話がたいして有名でないこと自体も、本当はめちゃめちゃ驚きではないでしょうか。しかも、この発言を聞いた時のまわりのタレントたちもまた、落ち着いたものというか、まったく驚きがなく、サラ〜ッと、次の話へと流れて行っちゃった。

私は声を大にして言いたいほどでした。

聞こえてました〜？　関西にはモノマネ文化がなかったんだって!!　アタシびっくりしちゃったあ〜！　と。

メガホンつきで。

ま、誰か一緒に驚いて欲しかったんですね。ここで叫ばせてもらいました。

いつのまにか細分化された演芸というもの、実はごく最近誕生したみたいなものであって、もしかしたらまだそんなに歴史は長くはないのかなあ、などとぼんやり思いました。女性のお笑い文化なんてのも、まだまだ本当は誕生したて、なのかもしれません。

芸能の原点と言えば歌になるのでしょうか。

八代亜紀さんのお話が書いてありましたが、私も彼女がジャズを歌った最近のCDを持っておりました。「日本のヘレン・メリル」をあらわしているかのようなジャケットもよかったです。

ただ一つ、「いそしぎ」と「五木の子守唄」のかけ合わせは苦しいもんがあり、正直これだけは酸っぱい珍味、奇妙な果実でした。音階だけ似てるようで、曲の核が違うこの違和感。

でも、まわりに聞いても、そんなに酸っぱい？　食べられなくはないじゃん、ってなもんでしたので、私だけらしい。

つくづく音楽の冗談は難しいもんだなあ、と感じた次第です。あ、これは冗談でやってないぞ、と言われちゃうか。

高校時代、「THE SHADOW OF YOUR SMILE」という曲が、日本語で「いそしぎ」と呼ばれていた事にも、（どこがいそしぎなんだ！）と一人イラついていたという苦い思い出が蘇りました（映画「いそしぎ」のテーマ曲だったと、後で知ったのですが）。

どうもこの曲は私をイラ立たせる運命にあるようです。

ユーミン

酒井順子

清水ミチコさま

関西にはモノマネ文化が最近まで無かったというお話、驚きです。が、言われてみれば関西弁でモノマネをする人って、あまり見たことが無かったかも……。

清水さんのモノマネで好きなものは数々あるのですが、先日、ユーミンの苗場《なえば》のコンサート（SURF & SNOW in Naeba というやつですね）に行きまして、清水さん演じるところの「ユーミソ」のことがつい、思い出されてしまった私。さらには、清水さんが真似るえなりかずき君の声と「ユーミソ」は似ているのではないか……等と、素敵なステージを眺めつつ、思っておりました。

しかしユーミンの苗場のコンサートというのは、今年でもう三十三回目なのだそう。当然、客層も中年が中心でして、ポロシャツの襟を立てていたり、セーターを肩にかけていたりする人を見ると、「よっ、ご同輩」と、語りかけたくなるのでした。

三十三年前にこのコンサートが始まった時は、さぞかし洒落た趣向だったのだと思います。スキーリゾートのホテルでコンサートというだけでも珍しいのに、「昼はスキーを滑り、ゆっくり食事をした後に楽しむコンサート」ということで、開始は夜の九時半。終演は十二時頃となるわけですが、お客さんは皆、ホテルに泊まっているから終電など気にしなくてよい。

私が高校生や大学生の時代は、ユーミンの苗場のコンサートのことを知ってはいたものの、「くーっ、洒落てる」と指をくわえて見ているだけで、行ったことはありませんでした。大人のためのコンサートという感じがして、二の足を踏んでいたのです。

しかしそれから年月が経って、こういった大人の趣向のコンサートが増えたのかといえば、そうでもないようです。日本人は夜に弱いのか、コンサートでもお芝居でも、割と早めの時間に始まるものが多いのではないか。

特に私が「それはないでしょう」と思うのは、歌舞伎の昼の部、というものです。昼の部は、開始時間が十一時であったりする。午前中から芝居というのも、何とも気分が上がらないのみならず、朝に弱い私としては、体調も上がっていません。歌舞伎座までたどり着くだけで疲労困憊《こんぱい》、最初の演目はほとんど睡眠に費やさないと、残りの演目を見ることが不可能なのです。「これって、芝居を観に来る意味があるのか」と思うほどに。

とはいえ江戸時代の歌舞伎というのは、早朝からぶっ通しで演じていたらしいので、十一時くらいでガタガタ言うな、ということかもしれませんが、「夜の部」というのも開演が午後四時台だったりするしなぁ。これはもう「まともに働いている人は観に来ないで下さい」と言っているようなものなのでは……。

ということで、夜九時半開演というのは、私にとっては有難い限り。東京で仕事を終えてから新幹線に乗っても間に合いますし、終演後は寝るだけって、何とらくちんなことよ。外は雪、という非日常感もまた楽しい。

……のですが、今の若い人は「そんな遠いところまで行きたくない」と思うらしいですね。近くにいるお客さんの話を聞いていたら、「東京でのコンサートはいつも娘と一緒に行くのに、苗場については『そんな遠くまでわざわざ』と言われて、ついて来てくれなかった」と言っているではありませんか。

えーっ、若い人ほど「遠くに行きたい」って思うものなのでは？ ついでにスキー、は若者はしないにしても、スノボとかすればいいのに。……と私などは思うのですが、若者からしたら「面倒くさい」らしい。

若者のスキー離れが言われていますが、彼等は色々と道具を用意して遠くの寒い場所まで行くよりも、家でぬくぬくしている方を選ぶようです。思い起こしてみれば、私も若者時代、スキーに行くのは確かに面倒くさかったけれど、でも周囲がみんな行くので、勢いで行っていたのだっけなぁ。

フジロックのためなら若者は苗場に来るのでしょうが、あれは彼等にとって思いきり羽目を外せる村祭りのようなものなのでしょう。寒い盛りに夜九時半からの数時間のために苗場へ赴くという行為は、バブル期を知る中年の心にしか響かないのかも。

あ、ユーミンのコンサートのもう一つの特徴といえば、男性同士のカップルが多いということですよね。それは清水さんのコンサートも共通しているわけで、短髪でガタイが良くてお洒落な男性達が客席のそこここに。「もったいない……」と、いつも思います。

以前、その手の男性が、

「僕たちはMがつく人が好き！　松任谷由実《まつとうやゆみ》、清水ミチコ、松田聖子《まつだせいこ》、ミーシャ、槇原敬之《まきはらのりゆき》！」

と言っているのを聞いて「なるほどね」と思ったわけですが、しかし考えてみたら私もどっぷり、イニシャルM好き。……というわけで、「ゲイと芸」というのも、いつか考えてみるべきテーマなのかもしれないと、思ったことでした。

化粧

清水ミチコ

こないだ、脳関係の本を読んでいたら、「女の人は幼い頃から、あの人みたいなメイクをしたい、とか、あのモデルのこういう着こなしをしてみたい、など、マネるというレッスンが自然に身についているから、女性の方がモノマネはうまいかもしれない」というくだりがありました。

私は(なるほどね!)と、ものすごく腑に落ちた気がしました(自分がうまいって言ってるわけじゃないですよ)。

そう言われてみれば、モノマネを職業になさっている男性の皆さんは、なんとなくですが、どことなくオカマっぽい、というか女性的なムード、気配が、そこはかとなく漂っているのです。

俺は男だ! というツワモノほど、モノマネなどしない、またできないカンジ。古くは、歌舞伎の「女形《おんながた》」もひとつのモノマネと言えるかもしれませんが、大勢の人の前でモノマネをする、というのは、やっぱりどこか中性的でないとできない事なのかもしれませんね。酒井さんが言うように、私のライブにゲイのお客さんが大勢で来てくださるのも、そこに関係性があるのかなあ、なんて思ったりして。

ところで先日、ライブ映像用に久しぶりに顔マネ写真を撮影しました（誰になってみたのかは、そのうちのお楽しみに）。

私は、いったいこれって似てるのかなあ？　と思ったけれど、まわりがクスクスしてて、終わり頃に「2ショット写真を！」などと言われたので、思うほど悪くはなかったのかもしれません。

写真によって顔がまるで○○みたいに見える、という目の錯覚、というものはなぜだか無意味に、また無性に面白いもので、南伸坊《みなみしんぼう》先生の作品をながめていても、その謎は深く、いまだに謎めいたままです。

しかし、それなのにです。

街角のプリクラや最新のアプリを使って、目を大きくしたり、顔を小さくしたりと、理想的な自分に近づけるやつ。ご存じですよね？

あれは最初めっちゃハッピーなように思えるのに、「やがて哀しき」みたいな世界に陥ってしまうのも、これまたなぜなのか知りたくなります。ふと知人の撮ったプリクラのその手合いの一枚を発見してしまうと、まるで見てはいけないものを見てしまったかのようで、ハッとします。

はかない一瞬の夢、的な感じというか。かえってコンプレックスみたいなものが浮き彫りになってしまうものなのでしょうか。

電車内でメイクする姿をとてもイヤがる人が多い一方で、若い人がまったく気にしていないように見えるのは、(こういうプリクラや整形だってあるし)という気持ちが、化粧へのタブー感などを薄れさせてしまっているからかもわかりません。

ところで、いつも思うのですが、化粧というものはたいがいがどこかうら哀しいものがありますよね。

濃ければ濃いほどにもの哀しい。

ヴィスコンティの映画「ベニスに死す」のラストに、美少年にふられた中年の男が泣くシーンがあるのですが、その時にアイラインがとけ、頬を黒い線となって落ちて流れたのです。

それは本当に、涙以上に見てはいけないものがあるんだな、って感じがしましたし、化粧とはみじめなもの、と感じるのは世界的に同じなのかなあ、と感じたものでした。

さすが世界的な巨匠。巨匠って、いつも案外残酷上手ですよね。

残酷と言えば、ある年齢を過ぎた女性にとって一番哀しいのは「すっぴん」のはずなのに、「芸能人のすっぴんを！」という番組のひとコマを、たとえワクワクして見ても思ったほど笑えないのは、自然な哀しさが、メイクをほどこす哀しさほど強力でないからかもしれません。

老いは、思うよりも受け止められやすいのかもしれませんね。

舞妓

酒井順子

清水ミチコさま

化粧についてのお話でしたが、私は化粧をほとんどしない派です。口紅とマスカラをくりくり塗ると、私にとってのフルメイク完了、という感じ。化粧をしてもあまり変化が無いのっぺりとした顔なので、若い頃からあまりする気にならなかったのです。

が、先日京都の祇園《ぎおん》に行った時に、その考え方が改まることがありました。いわゆるお茶屋遊びということをする機会があったのですが、まだ二年目という舞妓さんの顔をしげしげと見ていると、決して彼女の顔は起伏に富んでいるわけではありませんでした。むしろのっぺりしているのだけれど、そののっぺり具合が美しく思える化粧なのです。

その舞妓さんは、若手有望株ということであり、伊東深水《いとうしんすい》の画《え》から抜け出たような美しさ。しかし彼女が白塗りメイクを落とした顔を想像してみると、目がクリっとした今風の美人顔では、たぶんありません。すっぴんではド地味なタイプではないかと思われる、あっさり顔なのです。

彼女を美しく見せているのは、やはりあの化粧なのでした。もちろん、豪華な着物や帯、簪《かんざし》の効果もあるでしょうが、舞妓さんの化粧というのは独特です。白塗りにして、目の下にたっぷりと朱色のシャドウというかアイラインを入れ、眉毛にも赤い何かで色が塗ってある。

口は、今風のアヒル系大口とは対極の、おちょぼ口に描いてあります。もちろん、目を大きく見せようともしていません。

一年目の舞妓さんの場合は、上唇に色を塗ることは許されず、下唇にだけ紅をさしているのだそう。その顔は正直、「それでいいのか?」というものでもありますが、だからこそ上下に紅を入れられるようになると、一気に美しさがにおい立つのでしょう。

白塗りにしている人の顔で意外なほどに目につくのは、歯と歯茎です。顔を全て塗りこめているので、口の中のナマっぽさが、異様に目立つのです。そして、歯と歯茎ほど年齢が出る場所も無いわけで、私は舞妓さんの歯茎の若さをおおいに観賞したのでした。

舞妓さんの化粧を見ていると、歌舞伎役者達がしばしば、祇園の芸妓さんと秘密の仲になるのも、わかる気がします。白塗りも、目の下に紅を入れるのも、それは歌舞伎でいえば女形の化粧と同じ。そして舞妓さんや芸妓さんは、踊りや鳴り物を習わなくてはなりませんが、歌舞伎役者達はもちろん、そちらの方面でもプロフェッショナル。

芸妓さん達は女性としてのプロであり、かつサービス業のプロでもあるので、秘密のおつきあいをしても決して情報が漏れなかったりしてラク、という面もあるでしょう。女性の側からしたら、化粧や踊りといった、業務上の話を腹蔵《ふくぞう》なく交わすことができ、また学ぶこともできる唯一の相手が、歌舞伎役者ということにもなるのではないでしょうか。

東京に戻ってから、私は新しい歌舞伎座へ行って参りました。エスカレーターはできたし、トイレの数もうんと増えたし、満足満足……と、歌舞伎を見物したのです。新しい劇場において、改めて歌舞伎を観ていると、とても不思議な演劇に思えてくるのでした。昔から「そういうものだ」と思って観ているけれど、ほとんど親戚関係にある男ばかりで劇をしているというのも、変。衣装も変だし、ストーリーも非人道的だし……と、いちいち考え始めると、変なことだらけなのです。

中でも化粧は、変なことこの上ありません。善人とか格好いい人は白塗りなのに、悪役は最初から顔が赤く塗ってあるというのも、わかりやすすぎやしないか。実際にこんなに顔が赤い人がいたら、身体のどこかが確実におかしいのではないかと思われる、赤っ面《つら》っぷりです。

客席に外国人がいると、ですから私はいつも、「この人達、変だと思っているだろうナー」と思うのでした。隈取《くまどり》にしても、私達は「そういうもの」なので「格好いい」などと思うけれど、まっさらな心で見たらものすごく怖いのではないか。

しかし、女形の化粧や隈取を見ていると、「この伝統は、我々の中にも脈々と生きているのかも」とも思うのです。かつてのヤマンバギャルのメイクは、歌舞伎メイクとネガとポジの関係にありましたし、ギャルやキャバクラ嬢が好きだった盛り髪というのも、日本髪の派手な盛りっぷりと共通するものではないか。

顔がのっぺりしているので化粧のし甲斐が無いと思っている私ですが、しかし本当に化粧におけるクリエイティビティーが発揮できるのは、彫りが深い顔よりも、のっぺりとした顔なのかも。化粧を絵画と考えるのであれば、そりゃあ平面状のキャンバスの方が、描きやすいことでしょうしねぇ……。

トリビュートコンサート

清水ミチコ

武道館で行われた「忌野清志郎《いまわのきよしろう》ロックンロールショー」という、トリビュートコンサートを見に行ってきました。このところ毎年恒例のように行われているのですが、今回もたくさんの豪華アーティストが参加してました。私もちゃっかりVTR出演。

さて、そのコンサートで、たくさんのアーティストの皆さんの、それぞれの清志郎さんの歌を聴きながら感じた事がありました。

それは、優れた音楽的才能や人気だけでは、ミュージシャンというものは、成り立たないんだなーって事です。

自分のファンじゃないという可能性もあるオーディエンスの、一万人ほどの前で立って歌う行為。ハッキリ言ってこれにはもう一つ、別の才能もいるんだわ！　と思った次第です。

緊張が取れないまま終わりました、という顔の方もおられ、（お察しいたします）という気にさせられることも。いや、その姿にはむしろ、かえって人間的好感を感じさせるほど、愛嬌も哀愁もあるものだったのですが。

一万人じゃなくても十人のファンの前と、十人のどちらでもない人の目の前で歌う、の二つを比較しただけでもぜんぜん違いそう。

余計な事を考えそうですよね。歌に集中できるか、とか、受け入れてもらえるのか？　なんて。

しかしそれだけに、ちゃんと堂々数分間で自分の世界にさっと引き込んでから、忌野清志郎さんの世界へと誘いきれる人物を見ると、わ〜！　やっぱプロってすげー！と、鳥肌ものので感動させられるのでした。

いったい具体的に、何がどう違わせるのだ？　キャリアか、度胸か、はたまたある種の鈍感さとか？　などと、つらつらと無責任に考えながら帰路についたのでありました。

通常の一人のアーティストのコンサートよりも、なんだか数名が参加するトリビュートコンサートの方が、逆に「集中力」や「能力」、いわゆる「気」というようなものが、より浮き彫りになってしまうのではないか、と思えたほどです。

気の弱い人ほど人の目を気にしがち、と言いますが、ハッキリ言ってこういう場所で、人の目にさらされながらも、自分視線でナチュラルに立っていられる、というのはなかなかの偉業。やはりいつかどこかで、自分に決着をつけてきた、というような人間力がそなわってなければできない事だなあ〜と感じました。

まるで武士道ですね。

音楽の才能がいかにあろうと、空気に気負けしたら、何ひとつ生まれもったよさは発揮できないようなのです。

一回一回の本番を大切にしてきた人かどうか、もまた、バレてしまうというカンジ。歌で、夢の世界に連れてってくれる人ほど、案外まずは現実を見るのに強くなければなれない人種なのかもわからないですね。

ところで私は昔からRCサクセションのファンであり、彼の歌の大ファンです。彼の声は、実は私は学生時代からず〜っと、「芸」というよりも口ずさむ、という感じで、一人鼻歌のように長年なぞってきてたのでした。

忌野清志郎さんと、矢野顕子《やのあきこ》さんの声だけは、似てようが似てまいが、昔から実はちっとも笑わせる気になりません。

プロになっても、ずうっと清志郎さんのモノマネだけは封印に近かったほど、わけもなくサンクチュアリ（知ったこっちゃないわな）。

学生時代に、取りつかれたように一人で何度も彼らの歌声にひたっていたからかもしれません。プロとしてはあるまじき行為ですが、私にはいまだ特殊なほどにストイックな声になっているのでした。珍重。

ところで、酒井さんの連載なさっている「週刊現代」のコラムを読むと、ずいぶん一人旅がお好きなようですが、おそらく酒井さんも孤独と向き合うのがお好きなのでしょうか。勝手にシンパシーを感じてしまいました。この忌野清志郎トリビュートコンサートでも、「孤独」を味わった感じのする人の歌ほどなんだかとてもいいものでした。今では恐れられている言葉のようですが、やはりちょっとそういう気配って、必要なものなんですなあ。

集団行動

酒井順子

清水ミチコさま

清水さんご指摘の通り、一人旅好きの私。一人旅が好きというと、いかにも自分の意志をはっきり持った自立した人間のように思われることがありますが、それは違います。「何をどう間違えようと、自分が迷惑するだけでいい」からこその一人旅好きというところもおおいにありまして、つまり「ずっと責任回避していられるから」一人での行動が好きなのです。

しかし他人様《ひとさま》を見る時は、単体よりも集団が好きなのでした。群舞とか集団行動、行進といった類いを見ていると、ゾクゾクするほどの興奮に包まれ、時にはじーんと目頭が熱くなってくるほど。

たとえばスポーツであれば、シンクロナイズドスイミング。あれはやっぱり、ソロやペアよりも、チームがいいですね。一斉に水中から脚が出てくるところなど、その揃い方の見事さに鼻血が出そうになります。新体操も、個人よりも団体が好き。スタイルの良いお嬢さん達が入場の時に並んでいるのを見比べて、その微妙な差異を確認するのもまたよし、と。

　北朝鮮のマスゲームも、あそこまで行くと気持ち悪いとは思いつつも興奮している自分がいます。あの統率のとれっぷりからは、渡り鳥の群れが方向転換するとか、ヌーが群れで川を渡るとか、その手の姿が想像され、「人間だからこそ、訓練如何《いかん》によっていかなる集団行動も可能になる」と言うよりは、「人間も単なる動物に過ぎない」と思えてくるのでした。

　それは一昨年あたり、大好きな集団行動の掘出し映像は無いかとYouTubeを見ていた時のことでした。その名もまさに「集団行動」という映像を、発見したのです。どうやらそれは、日体大の研究発表実演会というもので披露されるものらしいのですが、スーツ姿の何十人もの男子学生達が、体育館において号令に合わせ、一糸乱れぬ集団行動を披露するのです。次々とフォーメーションを変えたり行進したりと、見事と言うしかないその動きに、まずはうっとり見とれました。

　統制のとれた集団行動というのは、えてしてそこはかとない滑稽さとか可笑しみをはらんでいるものですが、日体大の集団行動の振り付けは、その可笑しみを逆手にとって、ユーモアの要素も含んでいる。「素晴らしい！」と感動した私が、「他にもこの手のものはないかしら」と、右側に出てくる関連映像コーナーの中に発見したのが、

「WORLD ORDER」というものだったのです。

　今でこそすっかり有名になり、コマーシャルにも出演している彼等ですが、当時はYouTube上においてのみ話題、という頃。その謎の映像を試しに見てみると、これがものすごい私好みではありませんか。スーツ姿の男性数名の中心にいるのは、どうやら須藤元気《すどうげんき》。彼等が披露するのが、これまた素敵なロボットダンスです。

　格闘技を引退したとは聞いていたが、今はこんなことをしていたとは須藤元気……と、ウィキペディアで情報を集めつつ、WORLD ORDERの映像を見ているうちに、時はいつの間にか過ぎていきます。確かに格闘家時代の須藤元気の入場は派手でしたが、いつしか戦うことより入場の方が楽しくなっていたのですね。

　この衝撃は、私のような集団行動好きのみならず、格闘技好きとかダンス好きの人々にも伝わったらしく、その後WORLD ORDERはどんどん人気者に。私も、ライブなどを観に行くようになりました。

　そして先日、とうとう開かれた武道館ライブ。センターステージを使ってスーツ姿の男性達が踊る、と言うよりは動く！

　彼等の動きを眺めつつ、「集団行動って、何と日本人向きなのだろうか」と、私は思っておりました。思い起こせば子供の頃、運動会の組み体操で、「山」とか「橋」

とかの一部分となってじっとしている時、私は確かに快感を味わっていました。特に反抗心が強いわけでもない私は（なにせ名前も「順（したが）う子」）、「団体行動なんて、やってらんねー」とか「大勢で山を作るだなんて、ちゃんちゃら可笑しい。私は一人で山となる！」などということは決して思いませんでした。むしろ山の一部として存在することに達成感を覚えたし、山の一部となって、個性などというやっかいなものが吹っ飛んだ瞬間の孤独が気持ち良かったのです。

北朝鮮でマスゲームをする人も、シンクロで脚を出す人も、自衛隊でパレードする人もそしてWORLD ORDERも、似たような快感を味わっているのではないかと、私は思います。集団行動は、見ている者のみならず動いている側からも、アドレナリンが出まくりなのではないか。

そして我々日本人は、「和」を大切にする民族。みんな一緒に足並み揃えるという行為は、他の国の人々よりもうんと得意なのであり、一人一人の個性を生かすとかいうよりも、皆一緒に頑張ることによって、経済大国と化したはずです。「ステレオタイプな日本人サラリーマンの姿で統制の取れた動き」というWORLD ORDERの姿も、だからこそ我々の気持ちを刺激するのであるなぁ。

……なーんていうことを思って見上げる武道館の天井近くには、どんなイベントの時も必ず掲揚されている、日本国の国旗が。WORLD ORDER の動きとその旗は、見事なマッチングを見せていたのでした。

交換日記

清水ミチコ

酒井さんと私とでこういうリレーエッセイをやりましょう、という話の時、なんとなく酒井さんは、「清水ミチコさんへ」「は〜い。では、私から酒井さんへ」という、『二人だけのやりとりのムード』のノリが、ちょい恥ずかしいかも、というようなことをおっしゃってたのを、このあいだふと思い出したのですが。

　案外こうやって始めてみると、アレですね。二人の文通、みたいな気配は、意外と希薄なのではないでしょうか。

　私は中学の時に、大好きだった私のアイドル同級生「よっちゃん」と、二人で交換日記をしておりました。その記憶が蘇りました。

　地方にしては稀《まれ》に見るかわいらしいルックス、成績も抜群で、おっとりした性格の上、運動神経まで優れているという、まるで次世代型の同級生、よっちゃんに、まわりは誰も嫉妬などできないほどでした。

「女はあまりに遠い存在のマリリン・モンローに嫉妬しない」

糸井《いとい》重里《しげさと》さんの名言のひとつです。

自分に似たような存在にこそ嫉妬するもので、はるかに遠くなればなるほど、それは一緒にあがめたい。

話がそれました。

よっちゃんは、ややお笑いに厳しく、ちょっとやそっとでは口角でしか笑わないので、ウケた時の私は最上のヨロコビに溢れました。

そんなよっちゃんと二人だけの交換日記ができるという私は（選ばれた！）と、優越感が走り、しかもこれは秘密、というのがまたさらに（ウケたい欲望）に火をつけました。

ところが、はじめは（よっちゃんと私の二人きりの世界をナイショで構築！）のはずが、我ながら面白い文章を書けた時など、なんだか（早くバレればいいのに。ほかの人もこれを読んでくれるといいのにな）的な方向にちゃっかりなってたのを思い出しました。

よっちゃんのお母さんも私の母も時々読んでた、つまりはバレてた、と知った時など、叱られる、と危惧しつつも（で、どうだった？）と感想が知りたくてしかたありませんでした。

文章というものは、やはりネタにも似て、「共感こそ命！」なのではないでしょうか。

もちろんギャラはもらえるに越した事はないけれど、タダでもいいから「私の発見」を認めて欲しい。そのためにはこの文章を読んでくださらぬか。

なんて。

ブログなどがそうですが、仕事ではない上、お金が派生しないのに、書かずにはいられない私。

モデルの方なんかに多く見られる、イバリちらした、安っちい幸せ生活の文章のどこがいいの？　と思うようなブログでも、そこには享受する人が必ずいる。

ウケたい、発信したい、という人もいれば、またそれをウケてさしあげましょう、という人もなぜか平等にいるのも世の常のようですねえ。

つまり誰でも、「ウケたい」という思いにつながってるんじゃないでしょうか。

ウケたい＝受け入れられたい。

特にこれは女のあいだで、というのが好ましいのも特徴です。

日常の視線の細やかなわかちあいの強さ、男にはどうしても理解できないところでもありそうです。

お楽しみ会

酒井順子

清水ミチコさま

「ウケたい」＝「受け入れられたい」。

なるほど……、と膝を打ちました。「ウケる」の「ウケ」とは、相手に受けとめられる、受け入れられるという「受け」だったのか。私が文章を書くのも、やっぱり「ウケ」たいからだしなぁ。

私が「ウケ」の快感に目覚めたのも、中学くらいの頃。とはいえ話すことより書く方が得意なので、四コママンガとかクラス内の東スポみたいなものを書いて友達に見せていました。その手の作業がやがて仕事となったわけですが、しかし今、私は「知り合いに芸をご披露する」のがとても恥ずかしくなっています。すなわちメールを書くとか、フェイスブックに何か書くということが、恥ずかしくてたまらない。

文を書くというのは自らの精神の暗部や恥部を見せる作業であり、つまり精神的なハダカを見せるようなもの。ストリッパー的な仕事です。

ストリッパーの方々も、不特定多数のお客さんにハダカを見せるのは平気でも、特定の友人知人の前で脱ぐのは恥ずかしいのではないかと思うのですが、私の場合も同じ。不特定多数の皆さんに対してはどんな恥ずかしいことを書くのも平気でも、少数の知り合い相手に自分の心情を吐露するのは身悶えするほど恥ずかしいので、メールは事務連絡のような文章になりがち。ＦＢも読むのは楽しいけれど、自分では書き込めないのです。

先日、「清水ミチコのお楽しみ会２０１３　〜清水ミチコ物語〜」を拝見した私。もしかしたら清水さんも実は恥ずかしがり屋なのではないか。他人になりきることによって、そんなテレから逃れているのではないか。……などと思いつつ、大笑いしていました。恥ずかしさを乗り越えること、それもまた芸なのではないか、と。

渋谷公会堂は、どっかんどっかんと大ウケの嵐に包まれていました。笑いの沸点が割と高めで、他人からは「無表情」などと指摘されがちな私ではありますが、清水さんのお楽しみ会の時は、可笑しさのあまり身体を二つに折り曲げて笑います。ここまで客が激しく「ウケ」るということは、清水さんがそれだけ「受け」入れられているということ。そして清水さんの芸が、それだけウケるということは、そこに極めて高い批評性があるからなのでしょう。

モノマネとはすなわち、文章の世界で言うなら「評論」です。井上陽水《いのうえようすい》、美輪明宏、ユーミソ……といった対象の優れた部分、特徴的な部分をすくいあげて、表現し直す。そこには賞賛、尊敬、批評が混じり合い、また別の作品となって私達の前に届けられることになります。

モノマネを見る喜びは、秀逸な比喩表現を読む時の喜びとも、共通します。モノマネとは、当然ながら対象と似ていなくてはならないわけですが、「類似」とはすなわち、対象が描く曲線とシンクロする曲線を再現するということ。比喩表現もまた、「強めて表現したい」と書き手が思った事象が描く曲線と同じ曲線を描く別の事象を提示した時、「ぴったりシンクロしている！」という読み手の快感を引き出すことができる。

モノマネの場合は、モノマネが描く曲線とモノマネ対象の曲線とが、完全にシンクロしていないことによって発生する「ウケ」も、あります。モノマネ演者が対象の特徴を強めるため、本来のカーブよりさらに大きくカーブを描いてみせたりする、その「はずし」がまた、元のカーブを知る者にとっては可笑しいのです。

たとえば清水さんが、森山良子《もりやまりょうこ》さんの「さとうきび畑」における「ザワワ」を「ズワワ」と歌う瞬間。桃井《ももい》かおりさんが「おはだ」と言うところを「おはづぁ」と言う瞬間。私達は、元のカーブと、少し膨らんだカーブの差異に、爆笑する。

この「はずし」の技法は、とても難しいのだと思います。極端にはずしすぎても観客は鼻白《はなじろ》むのであり、ギリギリいっぱいまで外側に膨らんでみせる、清水さんのそのはずしっぷりはまさに、人間にもともと備わっている「品」の為せる技。そこに品があるからこそ、はずし芸が「揶揄《やゆ》」にならないのです。

モノマネされる主体の皆さんにも清水さんファンは多いようで、渋谷公会堂の客席には何人もの「主体」の方々がいらしていました。自分がモノマネされることに腹を立てる人も多い中、清水さんのモノマネが主体の方々にも好かれる理由の一つには、この「品の良さ」があげられるでしょう。そしてもう一つ、清水さんのモノマネが内包する批評性の切り口があまりに鋭敏であるため、切られている側も痛みなど感じず、むしろ「自分のことが理解されて嬉しい」と気持ち良く思うのではないでしょうか。

アンコール前、矢野顕子さん&忌野清志郎さんの「ひとつだけ」が歌われた時は、シンクロ性と、主体に対して清水さんが抱く愛や尊敬とが極まって、清水さんの姿が次第に矢野顕子さんに見えてきた私。大笑いしながら平和な空気をたっぷり堪能したらお腹が空いたので、餃子をたっぷり食べてから帰ったのでした。

沖縄のユタ

清水ミチコ

酒井さん、ライブについてのもったいないお言葉、ありがとうございました。めちゃくちゃ嬉しかったです。

世の中の人がみんな、酒井さんのように甘やかしてくれたらもっと私も伸びるのにな〜、であります。

ところで、今週私はライブツアーで行った沖縄ついでに、所《ところ》ジョージさんの別荘地を借り、女友達七人でのんびり過ごしてきました。

仕事では人の声を借りながら、休暇も人の別荘を借り、というレンタル人生。開放的なプライベートビーチがあり、大きなプールがあり、夜のジャクジーからは星空が見え、と、それはそれは優雅な休暇。

いつか酒井さんもお連れしたいです。

ひとんチだっつの。

そんな中、興味本位でしたがユタで有名な照屋《てるや》全明《まさあき》さんのところにも行ってみました。

沖縄の方言でのんびり話すとばかり思っていた私はびっくりしました。声が大きく、また話のスピードもとても速い。全身から溢れまくるすごいパワー！です。

また、こちらからの細かな話や説明はいっさい無用、という感じで、照屋さんがターッと最後まで全部お話しになられます。こちらも緊張しつつ集中せねば、という気持ちになり、メモを一心に取りました。

一緒に行った若い女の子は、「思わず、『失礼します』と言ってアイフォンで録音しちゃった」との事。

笑いました。

世代が違うと、考え方がドライです。「恐くないのかよ！」とみんなにツッコまれてました。

それにしても、いったい占いなのか降臨なのか、素人には計り知れませんが、仲間のある人は泣いてしまい、ある人は叱られ、ある人はズバリこれがこうなっているからこうしなさい、という指南を受け、と、我々には驚愕の連続でした。

帰り道は、皆で「なんでわかるんだ……誰にも話してないのに」と、放心状態ながらも、話さずにはいられなくなり、口々に一番驚いたのはここだった、アレだった、と、とめどなく話し合いました。

私の場合は、「仲間は多いけど、一匹オオカミだねえ。誰ともつるまないね。でも、これからも天狗にならない。いつも自分に距離を置いて、客観的に見ているから」との事でした。

ただ、「一番得意な事をなぜあんまりやらないんだ?」とおっしゃるので、「得意な事……?」（具体的に何なんだろうか）と、考えていると、「あなたの一番得意な仕事、何ですか?」と即座に言いなさいとばかりに大声で聞かれます。

「ラ、ラ、ライブかもしれません」と答えると、

「それをなぜもっとやらない?」と言われました。

ドキリ。心臓が凍りました。

毎年やってるような顔をしていますが、酒井さんが観てくれたようなライブツアーは、実は三〜四年に一度くらいのペース。

むかし一度、青山のホールで、お客さんが立ち上がって大きな声でこう叫んでくれた事がありました。

「もっとライブをしてください!」

「やってるじゃん」と、言うと「いいえ。このライブ、六年ぶりです!」と言われ、

さすがに楽屋で反省した時がありました。

やれば楽しいのに、やらなければそれはそれで毎日がすぎて行く。いかんですなあ。

「継続的にはネタが書けないような気がしまして」と本音をポロリ。

「できるねっ！　いくらでもできる！」

その言葉の力強さに、思わず頭が下がってました。

さらに「もう一つの別の顔が出ていません。もう一ついい才能があるのですが、やろうとしてない。開いてません。時期はもう来るでしょう」との事。

まったくわかりませんが、いつか私が何かで受賞したら、あの時のはコレの事だったのです、と今回の話を、スピーチに織りまぜたいと思います。

さらに、「あなたの弟さんにね、こういう話が出てます、その話はプラスに進みますから、電話してあげなさい。GOサインを出しなさい」との事でした。

意味がまったくわかりませんでしたが、弟にそのまま電話してみると、「なんでわかったの？」と、絶句しつつもやはり完全に驚いておりました。

だいたいウチは父の代から占いが好きな家系なのですが、これを機についに弟もハマるんじゃなかろうかと思いました。

しかし実際は、まわりの男性に私がどんなにコーフンして説明しても、ちっとも占いにハマらないのは不思議です。

女性誌には必ず占いのコーナーが掲載されているところを見ても、体質的な違いが何かあるのでしょう。(↑今週のミッちゃん占い)

帰りに空港に向かいながらも、那覇市内をぶらぶら歩いていると、占いの看板がいたるところにあり、行列ができている店が多いのにもビックリしました。

昔からこんなにあったのだったかなあ。それとも今、不思議な体験をしてきたから目についてるのかしら。

ハワイにサイキックな方が多くいたり、今回の沖縄といい、やはりパワースポットと呼ばれるところほど、神秘に包まれているという事なのかもしれませんね。

イタコ

酒井順子

清水ミチコさま

沖縄、羨ましい〜。ズバリ言い当てるユタさんの話に、興味しんしんです。

私は、ずいぶん前のことになりますが、恐山《おそれざん》のイタコさんに会ったことがあります。女性誌の企画で、恐山へと行ったのです。

イタコさん達は恐山に常駐しているわけでなく、恐山の大祭の時に、最も多くのイタコさんが集まるということ。駐車場のような場所に、イタコさん達のブースというか小屋が、並んでいます。

初日は夕方に到着したので、「試しにちょっと」と、比較的空いているおばあさんのイタコさんに、口寄《くちよ》せをしてもらいました。かなり強い津軽弁《つがるべん》だったのでほとんど聞き取れなかったのですが、一応私の父が「身体を大切にしろ」とか「こちらのことは心配するな」と言っている、ということだった気が。

翌早朝、私達は再びその地へ行きました。ほとんどのイタコさんはおばあさんですが、中に一人若い女性がいて、その方が非常に良いという評判を聞いたのです。

まだ暗いうちに行ったのですが、既に若いイタコさんのブースの前には長蛇の列。その列に並んではみたものの、一向に前には進みません。朝日がのぼり、やがてお昼になっても、ほとんど進んでいないのではないかと思われる。午後になり、夕方になってきた頃にいよいよ順番がやってきた！　と勇んで前に進んだその時。

「申し訳ありませんが、今日はこれで終りにします」

とイタコさん。もう、疲れてしまって体力的に限界であるので店じまいとする、ということなのです。

「そ、そこをなんとか！」

と、編集者さんは食い下がりました。そりゃそうでしょう、八時間余も並んで、「イタコさんに断られました」では、ページになりません。

「一人でもいいので、お願いできませんか」

としつこくお願いしますが、頑なに断られる。そのうちイタコさんは、

「あなた達、昨日は他のイタコさんのところにいらっしゃいましたよね。そういう方はちょっと……」

ともおっしゃるのです。

そこで我々は、やっと理解しました。イタコさんは身体が疲れたので終りにするわ

けではなく、我々の口寄せをしたくないのだ、ということを。

考えてみれば、我々は仕事、というより物見遊山《ものみゆさん》感覚でそこにいました。見た目も明らかに東京者といった集団です。対して列に並んでいる他の方々は、皆さん真剣でした。八時間並んでいるうちに前後の方々ともお話をしたのですが、急に配偶者を亡くされたり、まだ若いお子さんを亡くされたりして、藁《わら》にもすがる思いでそこに来ておられる。

「それに比べ我々は、存在感からして明らかにチャラチャラしている……」

と、私達はしんみり。これ以上お願いするのも申し訳ないと、引き下がることにしたのです。

しかしイタコさんに断られるというのも滅多にできない体験ではないか、それはそれで面白いページになるのでは？　などと話しながら夕食を食べ、ホテルに戻ってきた我々。すると入り口でばったり会ったのは、行列で私達の後ろに並んでいた、お子さんを亡くされた女性。「今日はこれで終り」となった時、泣きそうな顔をされていた方です。

彼女と話すと、何とあの後、イタコさんが戻ってきてまた口寄せを再開されたというではありませんか。女性は口寄せを聞いて納得するところがおおいにあったのでしよう、とてもすっきりした笑顔を浮かべています。

「よかったよかった！　後ろの皆さんにもご迷惑をかけてしまって、心苦しかったんです」

と我々は言ったわけですが、さらにその後で「やっぱり、我々のことが嫌だったのねぇ」との自覚を深めたのでした。

長い行列の中、どす黒く立ちのぼる我々の邪心がイタコさんには見えたのであるなぁ、とその夜はしみじみ考えていた私。あちらの世界とこちらの世界をつなぐイタコさんには、我々の卑俗な目論見など、お見通しだったのでしょう。

清水さんのユタさんのお話を読んで、そんなことを久しぶりに思い出したわけですが、しかし考えてみると、イタコさんもユタさんもまた、芸能者なのかもしれませんね。現実社会に生きる人を、芸やら能やらを見せることによって非現実的ワールドに連れていき、笑ったり泣いたりさせて報酬を得るのが芸能者。だとすればイタコさんも、何やらお念仏のようなものを唱えるし、あちら側の世界を見せることによって目の前の人を泣き笑いさせるしと、同じ力を持っているではありませんか。

歌や踊り、そして日本では相撲なども、その昔は神様に捧げるものであったわけで、それをだんだん単に楽しむためだけに人が鑑賞するようになってきたのでしょう。私達は、舞台の上にいる人の素晴らしい歌や踊り、演奏や演技、そしてモノマネに接することによって、しばし現実を忘れ、別世界に行く。

見事な芸能を見た後は、心がスカッとするものです。それはおそらく、心がしばらく別世界に飛んでいたせい。現実世界から足抜けし、新鮮な空気が心に注入されたから、スカッとするのではないでしょうか。ユタさんとの邂逅《かいこう》の後、きっと清水さん達もさぞやスカッとしておられたのではないかと推察する私。で、恐山の帰り道は……、やっぱりそれほどでもなかったです、はい。

東京エナジー

清水ミチコ

占い好きな私ですらビビッて考えないようにしているという、青森・恐山にすでに出向かれていたとは、酒井順子恐るべし。

連載など拝読していてもそうですが、意外とよく外へ出かけられるお仕事でもあるのですね。お見受けするところ、酒井さんはインドアな性分だからこそ、そういった取材を受けてでも外へ出なければ、というところもあるのかな、なんて。

先日、とある男性芸人とラジオでしゃべっていたのですが、都会育ちの人間というものほど、こちらがわ（地方出身者）から見ると、びっくりするほど外へ出歩かない。ヨソに興味がないままでいられる。

中学の頃、私は武蔵野《むさしの》に住んでた伯母と文通をしてたのですが、ある日、こんな言葉が書いてありました。

「もうすぐミッちゃんの誕生日だから、何でも買ってそっちに送ってあげる」

狂喜乱舞。私はさっそく、こう返事を書いて送りました。

「ありがとう！　それでは、渋谷と原宿のあいだ辺りにある『文化屋雑貨店』（↑当時雑誌などで注目されてたショップでした）で、何でもいいので雑貨を買ってほしいです」

　私の予想では、伯母から雑貨と一緒にきっとこんな返事が来るのではないか。

（ミッちゃん、飛騨高山《ひだたかやま》に住みながら、よくあんな通りに文化屋雑貨店があるなんて知ってましたね。確かにステキなお店だったわ。買い物してても楽しかった）

　そう信じてたのでした。

　そうしたら現実には、

「申し訳ないんだけれど、私は渋谷なんてそんな都会には遠くて出られません。お店の名前ではなく、欲しい物の名前を書いてね」

　ガッカリしました。

（同じ東京なんだから、すぐじゃないか。なぜかわいい姪のためにちょっと出かけられないのだ！）

　そんな私の的外れな怒りに、伯母の妹である母は、「あんたね、東京は広いのよ」と、ケタケタ笑っておりました。

　ドラマ「あまちゃん」にも、アイドルを切望するユイちゃんという女の子が、地図でも書けるほど詳しく東京の事を思ってた、というシーンがあるのですが、その気持ちは当時の自分のようでした。

ただし、私は地図は頭に持ってても、雑誌の文字でしか知らなかったので、ずっと「原宿」を「ゲンジュク」だと思い込んでいたのが、今となれば悲哀をもたらす思い出です。

クラスの数人の友達に爆笑され、「マジでか？　あれでハラジュクって読むのか？」と、驚きつつもめっちゃ恥ずかしく、（早くこの笑いよ去れ！）と祈ってました。

ネット通販で何でも買える今や、（東京にあるあの店のアレが欲しい）（これが食べたい）などという熱望はだんだん希薄になってしまっているのでしょうか。

都会どころか、私の世代には夢の「海外留学」ですら、「ケータイもいじれない、アニメもない生活なんて絶対ヤダ！」などと言って断る、なんて話を聞くと、欲望の世代交代というものを実感します。

ところで、私がまだテレビにも出てない二十代、渋谷ジァンジァンでの初ステージに、当時そのライブハウスの経営者と仲の良かった永六輔《えいろくすけ》さんが偶然観に来てくれ、「あなたは、素人くさい。もっと場数を踏んだ方がいい」とアドバイスをくださり、ジァンジァンだけでなく、さまざまなライブのゲスト枠に「この人どう？」などと声をかけてくださいました。

都会人はともかく、江戸っ子は情に厚いというのは本当なんだなあ、とカンゲキしました。

当時、飛騨高山での公演も多くなさっていた永さんは、私の実家のジャズ喫茶にもいらしてくださった事があったらしいです。

そのうち、その高山での公演のゲストとして、逆に私を呼んでくれた事までありました。

なかなかできない事で、恐縮しました。

(私ももっと大人になってキャリアを積んだら、いつかはこうやって、これからという若者に声をかけて応援してあげる事にしよう)

と思ってたのですが、現実的にはいまだに一人として声もかけていません。

日々、自分の事で手一杯です。

せめて新人のライブを観る、というのも正直おっくう。というか、無名の者に声をかけて、時に叱りながらも明るい方向へ背中を押してはサッと立ち去る、といった大ジンブツなど、この業界にはもういないのかもしれません。

こちらはネット社会が変えた、というよりも、江戸っ子に照れくささをともなったやさしさや情があるがゆえに、個人情報やプライバシーをやたら重んじる空気に口も出しにくくなり、押し黙り、少しずつ消えゆく、という気がします。

いつか、酒井さんと対談したときに、

「酒井さんもそうですが、黒柳徹子《くろやなぎてつこ》さん、松任谷由実さん、矢野顕子さんなど、東京生まれの女性は、アキラメが早いのが特徴のような気がします」

などと言ったのを覚えているのですが、物事にぶつかったらすぐに、

「そりゃ、しょーがないじゃない」

つってカラッと次に行く、ってな姿も憧れてなりません。しがみつかないあのカンジ。江戸っ子・女性版には長生きしそうな男っぽさを感じているのでした。

ジブリ

酒井順子

清水ミチコさま
武蔵野の伯母さまが、渋谷の文化屋雑貨店に行くことを拒否された。……って、わかる気がします。私の実家は杉並区で、サザエさんちのような木造平屋の家で祖母と同居していたのですが、明治生まれの祖母は、銀座方面に出向くことを「東京に行く」と言っていました。今でこそ武蔵野の人も「ここは東京」の意識があるかと思いますが、昔の武蔵野人は「ここは東京ではない」と思っていたようです。

実家の近くには「西郊《せいこう》」という名の古い旅館があるのですが、それもこの辺りがかつては、東京の「西」の「郊外」だったから。本物の東京に住む人にとって、かつてこの辺りはちょっとした小旅行で行く場所であり、別荘を建てるような場所であったというのです。「東京」が示す範囲は、どんどん広がり続けているのですねぇ。

今は亡き祖母は、たまに関東大震災の話をしてくれました。

「立っていられないような揺れでしたよ。四つん這いになっていました」

という祖母の話を久しぶりに思い出したのは、「風立ちぬ」を観ていた時。映画の最初の頃、主人公が列車に乗っていて、関東大震災に遭うシーンがあったのです。

映画は、ものすごい迫力で地震の尋常ではない揺れを伝えていました。私はそれを見て、「すっごく画がうまいなぁ！」と、感動していたのです。

なぜそんなに感動をしたかというと、「風立ちぬ」は、私が初めて観たジブリ映画だったから。子供の頃からアニメというものにあまり関心が無く、同級生達が「アルプスの少女ハイジ」とか「フランダースの犬」を楽しんでいる様子を見ても、「ふーん」という感じでした。その手のアニメというのはどうもお上品すぎて、私は兄が買ってくる少年チャンピオンや少年サンデーの、「がきデカ」「まことちゃん」といったシモ関連のネタ満載の漫画の方が、ずっと楽しかったのです。

そんなわけでアニメに親しまずに大人になった私。「天空の城ラピュタ」「となりのトトロ」といった作品がおおいに話題になったのは大学生の頃でしたが、「アニメでしょ」とスルー。「もののけ姫」「千と千尋の神隠し」の話題にも、ついていけません。

他人から「ジブリ映画を観に行こう」と誘われることも無く、「このまま一生、ジブリ映画を観ないでいるのだろうなぁ」と思っていたのですが、そんな私が「風立ちぬ」を観た理由は他でもありません、「招待券をもらったから」。

ここまで清い身体で来たのだから、ジブリ処女を一生守りたい、という気持ちはどこかにありました。しかし、チケットをいただいたというのも何かのご縁。あっさりと映画は始まりました。

映画館でアニメを観るという体験は、思い出せないくらい久しぶりのことでした。おそらく子供の頃、「東映まんが祭り」とかを観て以来なのではないか。

だからこそ私は、まず「画がうまーい！」と、感動したのです。東映まんが祭りの時代と比べて、アニメーションの技術は飛躍的に進歩しているに違いなく、もう何だか実写映像みたい。「ここまでうまいなら、いっそ実写でいいんじゃないの？　アニメで表現する必要があるの？」とすら思えたほどです。

「ジブリ、すごいわ〜」と、その画のうまさに感動して涙が出そうになった私。その感覚は、今まで「ハワイに一度も行ったことが無い」というのが半ば誇りであった人が初めてハワイに行って、その風の爽やかさに感動しているようなものだったのかもしれません。

一つ気になって仕方が無かったのは、主人公である二郎さんの声です。何だかボーッとした歯切れの悪い声で、私にはアンガールズのどちらかの方の声にしか聞こえませんでした。二郎が子供の頃は、違う声優さんがハキハキとしゃべっているのに、大人になってから急にあんなに滑舌が悪くなるものなのだろうか……と、映画中ずっと、アンガールズの顔が脳裏から消えなかった。

　映画自体は感動的でした。終了後、涙を拭いながら同行者に、

「二郎さんの声って、アンガールズ？」

　と聞くと、

「違うよ、庵野《あんの》秀明《ひであき》さんだよ！」

　とのこと。そういえば雑誌などで、庵野監督が声優に挑戦ということが、話題になっていましたっけ。その手の記事をたくさん読んでいたのに、すっかり忘れていた……。

　びっくりして涙も引っ込んだ私だったのですが、同行者の男性は、

「結局、やりたいことだけやってた男の話だったよね」

　と、あまり映画に共感していない様子です。これは悲恋のお話でもあるので、私としては目頭が熱くなりっぱなしであったわけですが、男性の見方はまた違うらしい。男のロマンの犠牲になる女性はいがちだけれど、男のロマンというのは同性にとって、イラつくところがあるものらしいのです。

　宮崎駿《みやざきはやお》さんはこの映画をもって引退されるということでしたが、宮崎監督もまた、男のロマンを追求された方なのでしょう。しかし、あの圧倒的に緻密なアニメーショ

ンを完成させるには、どれほど多くの人が徹夜を続けたことか……という思いも、一方では募る。多くの人を感動させるような人は、同時に多くの人をイラつかせたのかもしれないなぁと思いつつ、私にとって最初で最後かもしれないジブリ体験は終ったのです。

欲と夢

清水ミチコ

すっかり秋らしくなってきました。酒井さんの書かれた文章にも、梨のようにみずみずしい、秋風のような涼やかさが感じられました。

特にサラリと書かれた、「最初で最後の体験」という一行。

え、あの世界にハマらなかったの？　でした。

待って！　サッパリしないで！　どう考えてもあきらめが早すぎます。

「千と千尋の神隠し」はせめて観て欲しい。「となりのトトロ」に影響された、私の北林谷栄《きたばやしたにえ》さんのモノマネの出来栄えをもっとわかって欲しい。

「風立ちぬ」ならぬ「風が吹けば桶屋が……」という私など、主題歌「ひこうき雲」のヒットのおかげで、今年は仕事が増えている最中なのであります。もう三回は歌いました。

歴史にはまったく疎い私なのですが、あの映画を観てから、堀越二郎《ほりこしじろう》さんについてのNHKのドキュメンタリーにすらハマりました。

一緒に夢を追えました。

というのは冗談にしても、そういえば夢を本当に追いかけてる人ってなかなかいないもんだ、という事に気がつきました。

これがまた、「花とゆめ」ならぬ「欲と夢」ってのが似すぎててわからなくなる時があります。

欲こそあれど、いわゆる自分の夢など、本当は「ない」というのが普通の人っぽくないでしょうか。あるいは「錯覚」とか。

まわりにも、お、コイツは夢があるんじゃない？　という人間はいません。だいたいどなたも人生、目の前に立ちはだかるドキュメンタリーでいっぱいいっぱいだと言いますか。

小学生時代から「あなたの夢は？」などという質問をしょっちゅうされて育った私も、一生懸命に捻出してきた、描いてみた、書きだしてきた、きれいな嘘をついてきた、のが本音。

今もお正月になると「今年はどういう一年にしたいですか？」と聞かれ、「そうですね、今年こそは、えーと、」などと、年始からお餅の前で適当な嘘をついてしまっているのでした。

こないだテレビを観てたら、あるタレントさんがこう言ってました。

「私、ブログとか、エッセイの中で本音を書けた事が一度もないの。でも、作詞の中では本音を出せるんですよねえ〜」

こうなると、ちっとは夢を持たんかい、とつっこみたくなってきます。

女の方が、夢はイメージしにくいかもしれませんね。「いつか社長に」など本音で聞いた事がありません。

いつか「歌詞は大嘘つき、エッセイは小嘘つき」と阿木燿子《あきようこ》さんが書いておられました。

なんと涼しいお言葉……。

スパーン。

そういえば、宮崎駿監督が引退表明をなさいましたね。

その日は、たまたま三谷幸喜《みたにこうき》さんとのラジオの収録がありました。

「清水さんはいつ引退するの？」と、口の悪い三谷さんに聞かれたのですが。

「ありえないのよ……」と答えました。

念のため、誤解のないように言っておきますが、「やめないゾ」表明ではありません。

「引退します」という宣言は、もはや昔の大物だけができていたものなのです。

引退会見、って確かにありましたよね。

しかし、実際は、だんだん仕事が減っていくものなのです。

あれ、おかしいな、と思ってるうちに、どんどん居場所がなくなっている。

それが今のタレントの哀しさ。

引退表明ができるという事はよほどの大物である、という証しなのです。ですから、引退表明こそが私の夢、といってもおかしくないかもしれません。

そういえば、離婚会見、なんてものまで昔はありました。なんでしなきゃいけないんだろう？　なんて誰も思ってもいませんでした。

離婚したらするものなんだろう、みたいな風潮がありましたよね。

ついでに、昔の海老名美《えびなみ》どりさんの会見も印象的でした。

自宅で会見を開き、たくさんの記者が集まり、何かと思ったら、「これから作家になります」という発言。

ビッグアップル殺人事件という小説を出す、との事で。

なーんだ宣伝、みたいな。

笑いました。

大人が本当にコケた、コケるんだな、という瞬間をナマで見た思いでした。

あれをきっかけに、なんだか記者会見そのものが減っていったような気がします。

森光子

酒井順子

清水ミチコさま

そうか、引退って「ものすごい大物」しかできないものなのですね！　人気も名声も嫌というほど得て、「もうお腹いっぱい」という人だけに許されるのが、引退という花道……。

最近は、いつまでも引退しないことがブームのような気もします。山口百恵《やまぐちももえ》さんは結婚と同時に引退しましたが、今の女性芸能人は、結婚しても子供を産んでも、主婦タレント、ママタレントとして活躍しておられる。高齢になっても引退する方は少なく、淡路恵子《あわじけいこ》さん（二〇一四年に死去）のように突然ブームが再来したりするケースもある。

もはや潔く引退するのはアスリートだけなのかと思いきや、伊達公子《だてきみこ》さんのように「引退撤回！」と、バリバリ活躍する人も……。

先日は、前川清《まえかわきよし》&クールファイブのコンサートに行ってきたのです。前川清さんというと、ドリフや欽《きん》ちゃんの番組のコントで活躍していたという印象も強い一方で、演歌歌手の中でもトップクラスの歌のうまさという印象も。演歌好きの私としては、「一度生で聴いてみたいものだ」と思っていたのです。

最初の曲は、「長崎は今日も雨だった」。鉄板のヒット曲です。さらには「噂の女」「そして、神戸」等、ヒット曲を続けて。「うまいわ〜」と、私は聴き惚れました。

驚いたのは、途中で北島三郎《きたじまさぶろう》さんが登場したことです。この日は、前川清さんの芸歴四十五年の記念コンサート。お祝いとして、花束を持ったサブちゃんが舞台袖から現れたではありませんか。私達観客は当然驚きましたが、前川さんご本人にも内緒にしてあったらしく、真剣に驚いておられました。

サブちゃんといえば、演歌界の重鎮。そして前川さんの四十五周年記念シングルの作詞新曲は、「原譲二《はらじょうじ》」。原譲二とは、北島三郎さんの別名です。

舞台上では、しばしお二人のトークとなりました。前川さんは、芸歴四十五年の六十五歳ということでしたが、

「俺なんか芸歴五十一年。もう七十七になったよ〜」

とサブちゃんはおっしゃいます。

しかしサブちゃん、とてもそのお年には見えません。身長が高い前川さんと比べるとサブちゃんはとても小さく見えるのですが（一六一センチだそう）、えてして小さ

い人は、なかなか老けないものです。老ける面積が少ないせいでしょうか、シワも目立たない。

サブちゃんもまた、引退する気は全く無さそうです。

「八十歳まで、がんばるよ！」

とおっしゃっていましたが、八十歳を超えても、確実に「まつり」をワッショイワッショイと歌っておられるに違いありません。

潔く引退する人を日本人は好む傾向にありますが、日本人の平均寿命が延びつつある今、この「いつまでも引退しない姿勢」というのも、大切なもののような気が、私はしております。そして「引退しない」人といった時に私の中で印象的なのは、何といっても故・森光子《もりみつこ》さん。森さんと言えば、「放浪記」のでんぐり返しが有名で、私は、「医者から止められてでんぐり返しを封印」というニュースを見た時、「いつ森光子さんを見られなくなるかわからないし」と、放浪記を観に行ったものです。

その後も森光子さんは活躍を続けたわけですが、おそらく森光子さんにとって最後の舞台の仕事となったであろう「人生革命」というお芝居も、私はたまたま観に行っておりました。

タッキーすなわち滝沢秀明《たきざわひであき》さんとの共演だったこのお芝居。森さんは、ほとんど舞台装置のように存在しておられました。立っている時は、ジャニーズの皆さんに両脇を支えられ、セットとともに移動。ゴンドラのようなものに乗って、宙乗りも披露されていましたが、その時は台詞が口パクだった。

しかし私は、それを見て感動したのです。間もなく九十歳にならんとしている女優が、ここまでして舞台に立とうとする、そのすさまじい気力に圧倒された。

引退などせず、「死ぬまで仕事を続ける」というのは、芸能人に限らず、多くの人にとって理想の姿でしょう。何歳になっても仕事を続けていられるというのは、それまでの人生で一流の仕事をしてきたからこそ。私は、その「しがみつく姿」を見せてくれる人がもっといてもいいのに、と思ったことでした。

特に女性の場合、現在は平均寿命が九十歳近くなっています。仕事を六十歳で辞めてしまったら、あと三十年、何をして過ごせばいいと言うのでしょうか。夫はたいてい先に他界してしまうわけで、長い余生をいかに過ごすかは、女性にとって重要な課題。

美魔女ブームというのも、日本女性の極端に長い寿命と関係しているものと思います。人生五十年の時代は、さっさと老け込んでも良かったのでしょうが、人生九十年となったならば、五十代、六十代くらいまではきれいだったりモテたりしないとつまらない、ということなのではないか。

安心して老けることもままならない風潮の中で、「いったいいつ引退すればいいのだ」という気分になる中年期。しかし引退していない気分でいるのは、実は自分だけなのかも。「とっくに引退したのかと思っていました！」と周囲は見ているのかもしれず、「私なんておばさんだからさー」という中年に欠かせないフレーズは、「引退していないつもり」にまつわるテレを誤魔化すためにあるのです。

しかし、昔から全く変わらぬお姿の清水さん。何か秘訣でも……？　とよく聞かれるかと思うのですが、その時は何とお答えになっているのでしょう？

武道館公演

清水ミチコ

寒さつのる昨今、酒井さんはお元気ですかな。

私は先日、「十二月三十日に武道館で出たキャンセルの、代打を頼む」との依頼を受けました。

年末は忙しくなりそうです。

単独の公演ではなく、たくさんのミュージシャンや芸人を集めた、フェスに近いものにしようと思い、先日までに色んな方に声をかけてきました。同時に、(ここではこのバンドに出てもらって〜、ここはこの方で〜、映像はこう作って〜) など、仕切ることの楽しさを覚えました。

中には「その日は別のフェスに出てます」、とか「紅白があるかもしれず、遠慮しておきます」、という方もおられ、残念に思いつつも、なるほど、年末の十二月ほど、芸能事が向いてる月はないのかもしれない、と思ったほどです。

水商売もなんとなく、「年末=かきいれ時」な風情がありますし。

一年が終わってしまう時だからこそ、パーッとハデにやろうよ! という心情になるものなのかもしれません。十二月の日本の行事にこれといった祭りはないようでいて、街にはお祭りみたいな熱がずうっとありますもんね。

年忘れ、忘年会、という言葉はなにも一年を忘れたいワケじゃない。

ふいに訪れる哀しみがコワい。

急に変わってやってくる新年もなんかちょっと不安じゃん。一瞬の華やかさに逃れたい、忘れたいの。と、古代からのＤＮＡがまだ消えずに残っているのではないか、と、そんな風に感じるのでした。

さて、私はステージとしての武道館にはまだ一度も立った事がないのですが、先日は観客として、武道館そのものを見に行ってきました（もちろんステージもちゃんと観ましたけど）。

何かやっぱり「磁場」「気」のようなものを強く感じる場所でした。

自分がお客さんだったら、こういうものが観たいかなあ、など、思いは膨らみつつ、どこか遊びの延長のようにこの大きな会場をながめられているのも、私が「目標にしてきて、やっと！」と手にした公演ではないからでしょう。

「頼まれたから」という（やれやれしょうがないねえ）という親切心が根っこにあるからだと思われます。

数年前のいつだったかも、ある女優さんが急きょコンサートの前日に声が出なくなった事がありました。

イベンターさんから「なんとかなりませんか？」と、突然頼まれたのですが、その時に立った自分も忘れられません。本当に緊張などありえず、むしろ楽しみながら舞台に立てたのです。

あくびをこらえたくらいです。

それはウソにしても、（自分はいま、代理なのだ）という、責任感の軽さ、安心感ほど、出演者への良薬はないと言えるでしょう。と同時に、人って、イタズラに責任を抱えてしまうもんなんだな～、とも思いました。

やってる事は同じみたいなもんなのに、（私がちゃんとしなくては）と、責任を感じるやいなや、ガチガチになる。なのに、（手助けなんですう～）と思うと、そのステージはうって変わって気楽になり、かつ自由を身にまとえる。

酒井さんの世界はどうでしょうか。

「急きょ病気で」「右手骨折で」「息子が逮捕されて」酒井さんに代筆を、なんて頼まれる事はなかなかなさそうですが。

たとえば文豪たちが締め切りギリギリまで焦らすという行為。

彼らは書けなかったのではなく、あえて（でも知らず知らず）ギリギリまで延ばしていたのではないか。

「仕事を受けた以上、書いてもらいます」という鬼気迫る義務感など、もうアキアキというところにまできている。そこへ、「私の顔が立ちません！　妻子もあるのです、私の人生がかかってるんです！」という編集者の懇願。それを聞いて立ち上がりながら、「しょうがないねえ、まったく」などと言うのではないかと。

すみません。ウソです。そんなワケはないか。

でも私だったら、有能なマネージャーに、できるだけこういうウソをついてほしいです。ヘタでもいいです。

「急きょ、ピンチヒッターで」

ともあれ、こうやって「武道館」というお祭りを仕切っていると、なかなか面白く、（ああ自分は将来、もしかしたらこういう裏方での構成、演出にシフトして行けるのかもしれない）なんて思えてくるのでした。

ただ、「困ってるんです。急きょピンチヒッターで」などと言われたら、結局いくつになっても舞台に出るのでしょう。

腕まくり。

さて、今回の出演者の中で、一番盛り上がるのはグループ魂では、と私は見てます。実は彼らは当日、数万人のフェスから移動して、リハなしで急きょ武道館に出て演奏してくれるのです。

私から懇願され、仕方なく断れず、でもあるので、そのしょうがないねえ感の実力たるや、ミモノだと思います。

（ミモノとケンブツって同じ見物って漢字なんですね）

いっそ彼らにはノーギャラでいいんじゃないか、と思っています。

ヨーヨー・マ

酒井順子

清水ミチコさま

　代打で武道館とは！　それは腕が鳴りますね。しかし何と豪華な代打でしょうか。代打ではないけれど、今期日本シリーズ最終戦の九回裏、前日に一六〇球を投げた楽天のマー君がリリーフに出て来たような感じ？　ちょっと違うか……。

　しかし「舞台に立つ」というプレッシャーは、いかばかりのものなのでしょう。決められた日の決められた時間に、絶対に舞台に立たなければならないということは、体調も崩せないし、寝坊もできないということ。

　物書きの仕事は、その手の〝本番仕事〟とは対極にあります。いつ何時《なんどき》書こうと、自由。誰から見られることも無い。寝坊しても怒られない。体調が良いに越したことはないけれど、多少の不調があっても、パソコンを叩くことができれば何とかなる。たとえ両腕が折れたとて、口述筆記という手もあるのです。当然ながら、どれほど肌荒れしようと、どれほど髪がボサボサであろうと大丈夫。

　ジャージであぐらをかきながら原稿を書く姿というのは、「情熱大陸」の葉加瀬太《はかせた》郎《ろう》のバイオリン、もしくは「プロフェッショナル」のスガシカオの歌声をバックにしたとて、決して「格好いい職業人」には見えないことでしょう。やはり葉加瀬太郎やスガシカオにマッチするのは、舞台でスポットライトを浴び、本番に挑む人なのです。

　そんなことをさらに強く感じたのは、先日ヨーヨー・マのリサイタルに行った時でした。チェリストのリサイタルですから、登場するのはヨーヨー・マ、すなわち馬《マ》氏ただ一人。バックバンドもコーラスもゲストも司会もおりません。舞台装置はシンプルそのものです。何の装飾も施されていない素の舞台に、椅子が一脚。そこにチェロを持つ馬氏が登場して座り、演奏が終ったら去っていく、ただそれだけ。

　そんなシンプルな舞台なのに、否、シンプルだからこそ、観客は馬氏のチェロに夢中です。登場人物たった一人、舞台装置ナシ、という状況で、観客を二時間も（休憩はありましたが）みっちりと満足させるそのカリスマ性たるや……。

　それだけに「替え」はきかないことも、容易に想像できます。自分一人だけで、ホールいっぱいの人々の「二時間」に責任を負わなくてはならないという重責は、どれほどのものでしょう。ちょっと失敗したからといって、「あ、すいません、やり直し」というわけにもいきません。デッドラインまでは何度でも書き直すことができる物書きで良かった……、と思います。

しかしその時の私は、見られる側の緊張感を、少しばかり味わってもいました。会場のサントリーホール大ホールには、舞台の後方にもクワイヤ席と呼ばれる座席があります。普通の一階席や二階席に座っている人々からしたら、クワイヤ席の人々が舞台の背景のようにも見える、という構造。

クワイヤ席は、舞台を真後ろから見ることにはなるけれど、舞台は近いし安いので結構好きなのですが、しかしこの席に座る時は、「寝てはならじ」と、心に決めなくてはなりません。演奏する馬氏の後方で客がド寝していたら、どれだけみっともないことか。

伝統芸能やクラシックなど、真っ当な舞台を観る時ほど睡魔に襲われてしまう私は、「寝たら死ぬ」くらいの覚悟で、クワイヤ席に座りました。そして馬氏登場。やっぱりチェロうまい〜、色気がある〜、と夢中で聞いていると、緊張のせいか、珍しく眠くなりません。

よかったよかった……と、ふと視線を客席（なにせ舞台の奥の席なので、舞台の向こうの座席がよく見える）に移すと、最前列でド寝している女性がいるではありませんか。

その方は最前列ということを意識しておられるのでしょう、気合いの入ったお洒落をしている。……のですが、仕事の疲れか、はたまた開演前にワインでも飲んでしまったのか、連獅子《れんじし》のように、髪を振り乱しながら寝ています。胸のペンダントかブローチが、舞台照明のおこぼれを受けて、頭が揺れる度にチラチラと七色に光る……。

気持ちはわかるのです。世界的チェリストが奏でる素晴らしい音色からはアルファ波がほとばしるようで、気持ちよく眠れるに違いありません。がしかし、そこは最前列の中央部。彼女の連獅子っぷりは、確実に馬氏の視界にも入っています。

『世界が認めたニッポンの居眠り』という本によると、公共の場所でもすぐ眠ってしまうのは、日本人独特の行為らしいですね。居眠りはもはや日本人の知恵であり文化、といったことも書いてありました。知的&ジェントルな馬氏のことですから、その辺の事情も知って見逃して下さるのではないかという気もします。

私も、観客席でも鉄道でも、どこでもすぐに眠ってしまうという業病《ごうびょう》を抱えているのです。しかし今回、まさに「客観的な」視線で客席を見た時、眠っている人というのはものすごく目立つ、というのがよくわかりました。居眠りしている人はしばしば、「誰にも気づかれていないハズ」などと思っていますが、そんなことは無いのですね。

他人《ひと》のフリ見て我がフリ直せ、とはまさにこのこと。客というのは、ただ「見る」

だけの立場ではない。舞台上からは意外に「見られて」いるものなのであって、私はクワイヤ席にて「気をつけよう……」と、心に決めたのです。

しかし清水さんの舞台においては、観客席で寝ている人を見たことが無い私。笑いすぎて寝る暇も無い舞台であるわけですが、たった一人で舞台に立ち、誰も眠らせない清水さんの偉大さに、改めて感じ入った次第です。

どんどん装着

清水ミチコ

最近読んだ酒井さんのエッセイに、こんなカンジの珠玉の言葉がありました。

「若くいなければ、と頑張る女性ほど、自分はこのままではいけない、と自分に欠点を見つけている。責任を課している。しかし、年齢のままに老けていられる女性ほど、自分の人生に、安定・安心感がある」

確かもっとサラッと短い文章でしたが、これを読んだとき、ハッとしました。

酒井さんはいつも真実をさりげなくつかみますねえ。耳が痛い……。

確かに私の知り合いでも、白髪をそのままたばねたような女友達の諸先輩などは、他人からの目線で生きてはおらず、口には出さねど悠々自適、お構いなく（ニッコリ）、といった感じです。

社会人としてだけではなく、帰宅してからの人生が、未来が、豊かにあるんでしょうなあ。

一方、肌にはうるおいを失いながらも、まだ若さをバリバリ追いかける中年女性は、「お若いですね」と言われるほど（こちらもその時は本当にそう思って口にしているのですが）、一抹の淋しさが透けて見えるときがあります。

メイクのほどこし具合に（フケルモノカ！）といった怨念を感じたりして。

ああ怖い。

数年後の自分の鏡を見るような気がします。

ここ最近「美魔女」という言葉も出てきましたが、どこかで本当はバカにしてるキライがあります。そして、美魔女はそれに踊らされながらどんどんきれいに悪化しそう……。

私は若い頃、メイクをしながらこう思いました。

「化粧というのは、たとえば一度マスカラというものに慣れたら、いつのまにかマスカラなしでのメイクに（大丈夫なのか？）と不安に思ってしまうように、つけたら最後、今度はそれがないと心配になっていくものだなあ」と。

だからメイクは自然にどんどん濃くなっていき、顔に重力が増していく。

という事は、そろそろこのへんで、と、どこかで手を打たないと大変な事態になってくるのでは。

自分の満足のためのメイクのはずが、いつのまにか逆の方向に走らせてしまうのではないか。

だいたい昔は、つけまつ毛なんて普通の女性はしなかったものでした。モデルとか水商売の、一般ではない方々がつけるアイテムであり、つけている人を見るとハッとしたものです。そもそも、普通には売っておらず、友達が海外旅行に行くと、「お土産につけまつ毛のパック買ってきてね〜」、なんて言ってた八〇年代がウソのように、今やドラッグストアやコンビニでも、置いてない店舗などないほどです。

私だけが濃くなってしまうのではなかった。いつのまにか日本女性が全体的に濃くなっているのかもしれません。

つけまつ毛どころか、まつ毛エクステ、ネイル、ヘアエクステ、カラーコンタクトなんてものまで今や当たり前。黒目を大きく見せるコンタクトには（粘膜までアリなのか！）と驚きましたが、それぞれが軽量サイズでありながら、知らず知らずのうちに現代人の顔には、次々に色んなアイテムが重なってきているのが現状です。

こうして、ナチュラル派と美魔女派メイクの貧富の差は、これからもどんどん社会格差を広げていくに違いありません。

若い女性ほど姿勢が悪くなった、と聞きますが、これも現代人が小顔になったワリに、顔に装着してしまっている重みが、猫背を作り上げているのかもしれません。

しかし今回私が書きたかったのがもうひとつ。

最近私の周りの、特に五十歳前後の男性が、なんだか自分について熱く語りたがる傾向にあるのです。

「自分と鏡と周りの視線と」といったような三点といつも見つめ合っているせいなのか、女性というもの、どうしても小さい頃から自分をどこかで自然に客観視してる人が多い。

しかし、男性にはそれが希薄な気がします。

だいたい女性は「自分の歩んできた道」を語る仕事など、まず受けたくないし、本当の自分史など語ってもちっとも楽しくない。

しかし、男として生まれた者が人生の後半にさしかかったら、内省的な自分史みたいなものを、なんだか語りたくてしょうがなくなるという。

こんなに軽薄なよさを持ってるあんたが？　という男性でも、その半生を語るとなるとシリアス。

男の濃厚な自分史が、ここ数人続いたので書いてみましたが、思えばずうっと昔、ユーミンさんがラジオでこんな事をおっしゃってました。

「この業界の男性は、誰もがその山に君臨している王様だと思ってた方がいいですよ」

（ここはモノマネで読んでください）

男性が自分史に能弁な姿は、女性の化粧と重なって見えます。

とかく自意識とはややこしいものですね……。

大喜利

酒井順子

清水ミチコさま
　今年もあとわずか。十二月の三十日の武道館の後は、どのようなお正月を過ごされるのでしょうか。

　大晦日の紅白歌合戦を欠かしたことの無い私ですが、子供の頃を思い出してみますと、大晦日というのは子供の私にとって唯一、「芸を披露しなくてはいけない日」でした。

　兄と私が小さい頃は、毎年お向かいさんの家族と一緒に大晦日を賑やかに過ごすのが恒例でした。お向かいにも同じくらいの年頃の姉妹がおり、家族ぐるみのおつきあいをしていたのです。大晦日の夜だけは、年越しまで起きていることが許され、それは楽しい夜だったものです。

　その中で恒例行事だったのが、「子供大喜利」。お向かいさんの姉妹と私達兄妹の計四人が、大人達の前に並べられた座布団に座り、大喜利はスタート。大人達が、

「お正月とかけて、何ととく？」

といったお題を出すのです。

「はいっ！」

と手を挙げて、

「お坊さんが二人とときます！」

「そのこころは？」

「和尚がツー！」

……と、この程度のやりとりではありますが、とにかく子供達は頑張りました。

面白い答えには、座布団一枚の代わりに、ミカンが一個、配布されます。自分の前にミカンがたくさん並んでいくのは、実に誇らしい感覚。

大人達は、子供だからといって甘い評価はしませんでした。イマイチな答えしかできなかった子には、

「だめ！　全然面白くない！」

などと、容赦ない言葉が。

私はこの子供大喜利で、「ウケる」ことの快感を初めて知りました。大人が笑ってくれるととっても嬉しくて、何とか気の利いた答えを言おうと頭をひねったものです。

「面白いことを言う人は偉い人なのだ」という感覚を覚えたのも、この体験がベース

になっているのかもしれません。

　話すことが得意であれば、この体験をもとに女芸人への道を進んだかもしれませんが、あいにく私は、どうも話すことが苦手でした。しかし「ウケたい」という欲求だけは胸の中で育て続け、書くことを仕事にした後も常に「できるだけ皆さんに笑っていただきたい」という感覚を持っているのは、おそらく子供大喜利のせい。

　私は今でも、「笑点」の大喜利が大好きです。そして大人になっても、年末が近づくと「大喜利やりたい……」と、ちょっと思ったりする。

　子供の頃は、存在自体が「芸」であったような気がします。「お正月とかけて」の答えが「和尚がツー！」であっても許されたのは、自分が子供であったから。田中角《たなかかく》栄《えい》のモノマネ程度でも、大人に喜んでもらうことができたのです。

　しかし今、大人になった私には、皆さまに喜んでいただけるような芸が全くありません。楽器も踊りもできないし、手品も南京玉すだれもできない。

　結婚式や宴会で、素敵な一芸を披露してくれる素人さんも、いるものです。ピアノを弾いたりタップダンスを踊ったりする人を見たことがありますが、素人なりの芸がまた、微笑ましいもの。実は私も今、「タップダンスを習ってみないか」というお誘いを受けているのですが、「タップができるようになったら、いざ一芸を披露しなくてはならなくなった時、困らないかも」と思うと、食指、というか食脚が動きます。

私の特技はといえば、文章を書くことくらいですが、人前でパソコンを叩いてみせても、誰も喜びません。「これさえ持っていれば、どんな時でも皆が喜んでくれる」という芸が欲しいものよ、と思うわけで、ですから清水さんの舞台を見る時は、ゲラゲラ笑いながらも「いいなぁ～！　こんな芸達者で！」と、激しくうらやんでもいるのです。

そんなある日、知り合いの結婚披露宴においてある芸を見て、私は「これかも！」と思ったのでした。その結婚式には、空手やレスリングの選手達がたくさん来ていたのですが、空手の人々が披露したのが、正拳突きで瓦や板を割る、というもの。結婚式に「割れる」はどうなのかともふと思いましたが、見事にパリンと割れる瓦や板に、出席者達は「おお～！」と大拍手。

それを見て私は、「私もやりたい！」と思ったのです。今さら歌や踊りを習って披露しても、見る人はしんみりするだけだろう。であるならば、空手の一突きでパリンと瓦を割ってみせるというのは、時間もかからないことだし、爽やかな一芸となるのではないか。

空手経験者に話を聞くと、「割るのにはそれほど技術は要らない」とのこと。どちらかというと、突く側の人より、瓦や板を持つ側の人の技術が重要だというではありませんか。それなら、上手な人に持っていてもらえれば私にも割ることができるのではないの……？

そんなわけで、「瓦を割れるようになる」というのが、私の新しい年の目標です。いつか皆さまの前で、瓦割りをご披露してみましょうぞ。

……などと言いつつ、結局は空手を習うこともせず、無芸のままに一生を終えそうな予感が濃厚な私。おばあさんになったら次第に子供還りして、「老婆大喜利」とかやっていそうな気がします。そうなったら清水さんもぜひ、ご参加下さいね……。

舞台袖

清水ミチコ

おかげさまで武道館公演、終了〜。

その晩は（意外と楽しかったな）などと余裕で思い、皆と乾杯しながら上機嫌だった私。

ところが、眠りについてから起きたのは、なんと十八時間後。

三十一日の記憶がほとんどありません。人生初のド寝記録（ド寝＝酒井さんが以前使われてたのを借用しました）。

やっぱりイメージよりも身体は正直なもので、おそらくずっと緊張していたんでしょうね。身体には悪い事しました。

よくよく思い出してみれば、当日はメイクをしてる時や着替えの時、ふっと猜疑心や不安が襲ってきてました。

ま、これはいつもそうなのですが。

（本番、ダメになるんじゃないか）とか、（驚くような大失敗をするんじゃないか）などと、自分でも、とっくに慣れてもいいはずなのになあ、と思ってはみるものの、頭の中は恐怖感がよぎってばかりなのでした。

臆病なもんです。

このナーバスな気持ちを、いくらかでも平常心の方向まで持って行きたい。そんなとき、いつか私が発見したコツが一つあります。お教えしましょう。

さあ、あと二十分で本番。なんだかブルーな気持ちになる時間です。ここへきて、（平常心よ来い、フランクにサラリと話せるように）などといくら思っても、焦るほどによくわからなくなるばかり。

そこで登場させるのが、「平常心のモノマネ」。（普段の自分をマネるだけ）と思うと、いくらか（ああ、あの感じね！）と思い出し、体現できるものなのでした。

実はこれ、ちょっとした挨拶を頼まれた時とか、初対面の方と対談、なんて場合なんかにも使っています（どんだけ気弱なんだよ！）。おためしあれ。

というわけで、本番前のこの緊張感は、どんな大型新人であろうと、長年のキャリアがある方であろうと、平等にやってくる、というのは興味深く思えます。おそらく、誰にも消える事などないんじゃないでしょうか。

ステージのすぐ隣にある、いわゆる「舞台袖」と呼ばれている場所。

そこだけはいつもどこの舞台であろうとも、まるで個人個人の祈りをささげるスペースのごとく、どこか厳かでとても静か。

ステージという、天国にも見える場所の前に、この暗い地獄を通りゃんせ。みたいな。

天井は高く、ライトとの比較で極端なほど暗さを感じさせ、そのひんやりとした空気は、人を孤独にさせるためだけの場所のよう。

ここさえくぐりぬければ……です。

いつか山下洋輔《やましたようすけ》さんもおっしゃってました。

「毎回、オレの楽屋に誰かがやって来てノックするだろ？　で、その音を聞いたら最後、舞台まで連行されるんだ。足取りが重くって、恐くって、まるで死刑囚の気分みたいに感じるんだよ。ま、出ちゃえばこっちのもんなんだけどサ」

なんて。

しかし、去年の夏頃でしたか、ある若い女性ミュージシャンが、その舞台袖で、買ってきたばかりのハンバーガーをおいしそうにかじっておられるではないですか。

なんとも陽気なソースの匂いに、私はびっくりしました。

それ、アリ？　でした。

大物なのか、鈍感なのか。というより、ジェネレーションギャップなのか。

や、神聖な場所として感じるのも、ただの待機場所だと思うのも、人それぞれなんだよ〜、という話なのでした。

初めて立った武道館の舞台袖も、暗く高く寒く、なんともおっかないものがありましたが、私は三回ほど出たり入ったりの繰り返しがあったおかげで、だんだん恐怖はスリルに変わって行きました。

自分一人のステージじゃなく、構成にまわったのも個人的には貴重な体験でした。お笑い好きなミュージシャンと、音楽寄りの芸人たちの入り交ざった、変わった一夜となりました。

またどこかのイベントがキャンセルしてくんないかな〜。なんて。

酒井さん、年末のお忙しい中を観に来てくださり、本当にありがとうございました。いただいた著書『ユーミンの罪』、元日に一気に読みふけりました。ユーミンさんの大ファンでもある私（そうは見えないか）。とても面白く、また細やかな発見が痛快でした。ぜひ、ご著書についてのお話をそのうち教えてくださいませ。

ババとロック

酒井順子

清水ミチコさま
　武道館「ババとロック」、お疲れさまでした！　いやぁ、面白かったぁ〜。まずは松崎《まつざき》しげるさんの国家斉唱で度肝を抜かれ、音楽ありお笑いありのメンバーの顔ぶれを見れば「この混沌感はすごい」と思うのですが、絶妙の構成によって混沌感が快感に……。

　皆さんで歌った最後の「サライ」、そこにマラソンランナー姿で走ってくる森三中の黒沢《くろさわ》さんの姿で、二〇一三年の笑い納めをさせていただきました。

　笑い納めであると同時に、「ババとロック」は私にとってこの年の「見物納め」のイベントでもありました。ライブや演劇など、自分が見たイベントを記しておく小さなノートがあるのですが、そこに「12月30日　ババとロック」と記すことによって、私の一年は終ったのです。

　ちなみに、そのノートをぱらぱらとめくっていたら、もう一つのことに気づきました。二〇一三年の私の「見物初め」は何であったかといえば、それは一月三日にやはり武道館で開催された、松任谷由実さんを中心としたライブだったのです。

ユーミンの歌手生活四十周年ということで、ユーミン以外にも薬師丸《やくしまる》ひろ子《こ》さんやら大貫妙子《おおぬきたえこ》さんやらキャラメル・ママやらムッシュかまやつさんやら、大勢のミュージシャンが登場した、そのライブ。それはつまり「ババとロック」と極めて似た構造のイベントだったのです。ユーミンで始まり、ユーミンで終る。昨年が非常に良い年であったことを実感いたしました。

そんなことがわかるので、見たものをノートに記しておくのは面白いわけですが、このようなノートを作ったのは、ひとえに私が、極端に忘れっぽいため。読んだ本でも見たお芝居でも、三歩歩くと内容を忘れてしまい、「果たして、読んだ／観た意味はあったのだろうか？」と思うからなのです。

まだ本の場合は、忘れても読み返すことができます。が、お芝居やライブというのは、その時一回限りのもの。「すっかり忘れてしまうというのも、あまりにもったいないのではないか？」と思い、ノートに記すようになりました。

日時や会場、内容の概要や同行者などをざっくり書いているのですが、一年の終りに行うのは、ノートの集計です。私が見物するのは、映画、音楽ライブ、落語、伝統芸能系芝居、現代系芝居の五ジャンルに集約されるので、それぞれ何本見たのかを数えてみるのです。ま、数えてどうなるというものでもありませんが、「へー」と思う、と。

しかし二〇一三年の年末、ハタと困ったのは「ババとロック」をどのジャンルに分類するのか、なのでした。映画ではないけれど、黒柳徹子さんの映像をおおいに楽しんだ。落語でもないけれど、お笑い要素たっぷり。音楽がメインではあったけれど、最後に黒沢さんが走り込んでくる様を見ると「果たしてこれって、音楽イベントなのか……?」という気分に。悩んだ末、「その他」ジャンルを創設したのです。「ババとロック」、孤高の「その他」です。

そんなことをしながら改めてノートを見ていてわかるのは、私がいかに「感想」を記すのが苦手か、ということでした。タイトルや内容の他に、気の利いた感想の一行でも残しておきたいという気持ちはあるものの、それができない。あるライブの感想は、「よかったー」だけ。またあるクラシックコンサートの感想は、「いろいろ」。人気劇作家による現代劇のところには、「わかんない」。歌舞伎には、「寝た」。ほとんど五文字以内に収まる感想しか抱くことができないのです。

新聞の劇評など見ていると、ですから私は「すごい!」と、これまた五文字以内の感想を抱くのでした。役者の演技の巧拙や成長ぶりについて。過去の同じ演目との比較。励ましや、時には叱るような言葉。よくこんなにたくさん書けるなぁ、と。

思えば子供の頃から、感想文は苦手でした。運動会でも遠足でも、何か大きなイベントがあった後は必ず感想文を書かなくてはならないのが、子供の宿命。しかしその手のイベントの時、子供は大人に喜ばれるような感情ばかり抱いているわけではないのです。

いざ作文を書くとなったら、自分の中に残っているのは「面白かった」「ふつう」「つまらなかった」のどれか程度の感想しか無い。結果、「こういうことがありました」という事実の羅列に終って、「もっと自分の気持ちを詳しく書きましょう」と先生からの赤ペンコメントが入る、と。

先日、何人かの小学六年生と話した時、

「作文が嫌いなんですけど、どうしたらうまく書けるんですか」

という質問を受けました。

「その気持ち、わかるー。書くこと無いよね」

と私が子供達に教えたコツとは、「マイナスの感情を書け」というもの。大人の目を意識して、「嬉しかった」「楽しかった」「ためになった」「頑張った」といったプラスのことばかりを書こうとするから、書くことが無いのだ。悲しいくやしいうらめしい、絶望不満心配嫉妬……といった負の感情を書けば、筆は走るし自分の気持ちもすっきりするよ。

そのように教えた時、子供達の目はキラリと光り、一緒にいた親御さんは心配そうに眉をひそめたのは、気のせいだったのか。暗い作文を書く子ばかりその小学校で激増したら、それはたぶん私のせいです。

何の因果か、書くことを仕事にした私。昔のトラウマがあるのか、今も仕事として書かなくてはならない感想文は苦手です。しかし、例のノートに「わかんない」であろうと「寝た」であろうと、何を書いても「もっと自分の気持ちを詳しく書きましょう」などと誰からも怒られないということが、今となってはとても嬉しいのです。ああ、大人になって良かった。

嘘と私

清水ミチコ

先日は、あの「にせベートーベン」のニュースが我が家でも話題沸騰でした。

ご存じ、佐村河内守《さむらごうちまもる》という作曲家に、実はゴーストライターがいたという事件。

佐村河内という、二つ苗字が重なったような、なかなかめずらしいお名前であるところへ持ってきて、さらにまたもう一人、別の方がいたという。

そしてあの風貌。長髪、サングラス、ヒゲ。

今になって見ればものすごくアヤしい。いかにもうさん臭そう。

よく騙されたもんでした。

と、呆れたいところですが、これも（怪しい）と最初に疑って調べた人（「新潮45」のライターさん）だけが言える言葉であって、やはり普通にパッとそう紹介されたら、ああそうなのかな、と思えてしまうもんなのかもしれません。

そういえばその日、私は昼間スポーツジムに行ってたのですが、まわりの皆さんもテレビの画面に映るこのニュース映像（新垣《にいがき》さんの記者会見）に釘づけ！　夢中！

という感じでした。

そしてどなたも口角が上がっている、というのが印象的でした。

どこの誰がどんな曲を作ろうと、本当は私たちにはそんなにカンケイない話。しかし、虚言癖を持つ人物がひょこっと現れたところに、もっと知りたい、と下世話な興味が湧くのでした。

嘘がうまくころがり出して、どんどん話が大きくなって、膨れ上がったまま止まらなくなる、というある種の人間は、対個人だと困るものなのに、なぜか大衆的な視線にさらされると、とたんにおかしみが生じるムキがありますね。

iPSで話題になった森口《もりぐち》さんを思い出します。

口からポロポロ嘘が出ちゃう。すぐ言葉が思いついちゃう。

逆に楽天家か？　とも思わせられます。

オットに、

「あとホラ、誰だっけ、ウソがまかり通って事件になった人」

と聞いたところ、

「デタラメな手話通訳の黒人」

という返事に笑いそうになりました。そういう人もいた。

「違う、もっと古い」

「ささやき女将」

「ぜんぜん違う」

「姉歯《あねは》」

「違う、もっと古い人」

「パイロットのクヒオ」

「それ！」

そうです。

あの横山《よこやま》やすしさんを彷彿とさせた風貌の「クヒオ大佐」。

彼もサングラスでした。

一九七〇年代から九〇年代、「アメリカ空軍パイロット」で「カメハメハ大王やエリザベス女王の親類」だと名乗り、結婚話を交際女性に持ちかけては、約一億円を騙し取ったという実在の結婚詐欺師「ジョナサン・エリザベス・クヒオ大佐」。（ウィキペディアより）

パイロットの制服姿で、いつも街を行ったり来たりしてたという。

おかしい……。

ここでも、（なんでまたそんなヤツに引っかかるんだろうか）と思ったものです。

そしてもしかしたら、人はもともと根っこが信じやすいようにできてるんじゃないか、とも。

詐欺師やペテンに気をつけないと、とは何度も聞いてて、わかってても、まさか自分は大丈夫だろうって、ふわっと思っちゃうんでしょうねえ。

それにしても今も昔も、こういう人はいるもんなんですね。

どの人もデタラメで、ホラがでかい。

度が過ぎて行くのも特徴。

巧妙な嘘、とか言うけど、クヒオの場合は奇妙、も感じますね。なぜか（今日もうまく行っちゃった）、みたいな流れで、雪だるま式にどんどん膨らんで行ったのでしょうか。

現代のベートーベンも、しまいにゃ嘘が本当であるかのように錯覚しはじめ、良心の呵責どころか、生きがいのようになって行ったのではないでしょうか。

などと思ってたら今日は、「小悪魔ａｇｅｈａ」のモデル逮捕のニュースが。

アネハからアゲハまで。

そのモデルは、武田《たけだ》信玄《しんげん》の末裔を名乗り、本家からクレームが来た事でも話題になった人物でした。

「親や親族が結婚相手の血筋を気にするので、それが大変」

「武田家代々のお墓があります。血が濃いせいか、親族みんな顔が似てます（笑）」

など、いかにもな発言もあった。

それでも私だって当時は（そうなのかな）くらいに思ってました。

興味がないところには疑いも生まれないからこそ、スタートラインからすでに、嘘つく側の方が有利に立っているのかもしれません。

さて、逮捕された理由はそれではなく、万引きだったとか。

万引きか、と思ったら、数十万円もの額だったので驚きました。中にはカーテンもあったとか。

万引きの範疇ってどこまでのラインなんだ、と思うような重量感ではないでしょうか。

やはり色んな意味で大風呂敷のようでした。

ペコリ。

フィギュア

酒井順子

清水ミチコさま

もちろんオリンピックが大好きな私、このたびのソチオリンピックも、おおいに楽しんだ者でございます。

冬季オリンピックは、夏季と比べると、敵と相対してのガチンコ勝負をする種目が少ないものです。その手の種目はアイスホッケーくらいで、一人ずつ出て行って雪とか氷の上を滑る、みたいなものが多い。

となると当然、勝負の基準が曖昧になります。採点の基準はあれど、審判の主観にも左右されるわけで、「早い方が勝ち」とか「たくさん点を入れた方が勝ち」といったわかりやすい種目と比べると、勝ち負けがすっきりとわかりづらい。

採点種目はそこが嫌だ、という人がいますが、私は採点種目のそこが好きなのです。フィギュアスケートにおける伊藤《いとう》みどりさんのような、飛び抜けたジャンプの能力を持つ人は「ゴムまりみたい」などと言われ、「コンペティションスポーツなのだからゴムまり上等ではないか」、と思っていたわけですが、その当時は「芸術点」みたいなものがあって、伊藤みどりさんの場合はそちらが低くなってしまった。そんなものを判定するならバレエとかサーカスもオリンピック種目にすればいいのに、と思ったものでした。

確かにフィギュアスケートは、衣装や容姿が良い方が、より素敵に見えます。そしてパッと見で勝負の判断がつかないからこそ、見ている側は「マオとヨナはどちらが上か」みたいなことを、延々と語り合うことができる。

今回のオリンピックにおいて、私は一つの賭けに出ました。週刊誌でエッセイの連載をしているのですが、女子フィギュアの結果が出てから感想を書いたのでは、タイムラグが出てしまう。ならば一つ、試合の前に結果を予想してみようと思ったのです。

私は、「浅田真央《あさだまお》ちゃんは優勝できない。そして、日本女子フィギュア選手はメダルを一つも取れない可能性も、大」という予想を書いてみました。

その理由はヨナちゃんやらリプニツカヤちゃんと比べると、明らかに日本女子は気が弱そうだから。私は、水の上をではあるものの、やはり「一人ずつ出て行って滑る」というスポーツを大学時代に体育会でしており、その手の種目においては、いかに「気の強さ」が重要かが骨身にしみております。どんなに技術が高くても、気持ちが弱い人は「一人で滑る」という緊張と恐怖、ライバルからの重圧、勝たねばならぬという気負いにつぶされていたのです。

ちなみに私は、正真正銘、メンタルが弱い選手でありました。試合前はいつも、顔面蒼白で手は震え、緊張しすぎて眠くなるほど。いざ試合が始まれば、練習でできていることができない。「肝心なところでいつも転ぶ」と、森《もり》元首相は真央ちゃんについて言っていましたが、私もその通りの女だったのです。

ですから試合の後はいつも、土手の草むらで膝を抱えてしゃがみ（川で行うスポーツだったので）、しくしく泣いていましたっけ。

「酒井さんっていうと、いつも試合後に河原で泣いてた姿を思い出しますよ」

と、大人になってから他校の後輩に言われたことがあるほどの、絹ごし豆腐状のメンタルでした。

一度しか無い本番で実力を発揮するには、「瞬発メンタル」のようなものが必要なのだと思います。私の場合、長期間にわたって根性を入れ続けるのに必要な「持久メンタル」はそこそこあったものの、瞬発メンタルは欠けていた。オリンピックのアスリートの場合、一般人よりはうんと高いメンタル力を持っているのでしょうが、それでも世界レベルで競った時、日本女子はわずかに瞬発メンタルが足りなかったのではないかと思います。

瞬発メンタルとは、別の言葉で言うと「気」で、持久メンタルは「芯」と言うこともできましょう。しかし日本では、「気の強い女」はしばしば、揶揄の対象になります。気が強くないフリをしなくては、仕事や恋愛の場において敗者になってしまうケースが多いわけで、本当は気が強い人も、「私が強いのは、気じゃなくて芯なんです」という顔をしていなくてはならない。

だからこそ私は「真央ちゃん優勝できない説」を書いたのですが、しかしいざ女子フィギュアが始まってみると、複雑な気持ちになったものです。もちろん真央ちゃんのことは大好きですので、頑張ってほしい。しかし、予想が外れるのも嫌。……ということで、真央ちゃんのショートプログラムは怖くて見ることができずに床に入ってしまいましたが、緊張やら期待やら罪悪感が募り、なかなか寝つけないではありませんか。

翌朝、寝不足の中で真央ちゃんのショートの結果はと見てみれば、なんと十六位。「真央ちゃんごめん……」と、人知れず謝ってみたりして。さらには、森元首相のように、「あなたがあんなことを書くから！」と、非国民扱いされるのではないか、という恐怖も。

かくして迎えたフリープログラムでは、ご存じの通り、真央ちゃんは素晴らしい演技を見せて、日本中の人を泣かせました。もちろん私も、テレビの前で号泣。そして真央ちゃんも他の二人もメダルには手が届かなかったという結果は予想通りだったのですが、「やっぱり言霊《ことだま》ってあるのかしら……、ごめんよ……」と、泣きながら思っていたのです。

今回のオリンピックの女子フィギュア・フリープログラムは、忘れられない日になると思います。そういえば前回のバンクーバーの女子フィギュアは舞鶴《まいづる》の定食屋さんでテレビにかじりつき（出張中だった）、その前のトリノの女子フィギュアもやっぱり出張中で、夜行列車の中で、ラジオで荒川静香《あらかわしずか》さんの演技を聞いていたものでした（ちっとも面白くない）。冬季オリンピックの女子フィギュアは、女の人生の一里塚。四年後には真央ちゃんも自分も、いったい何をしているのかなぁ……。

審査員

清水ミチコ

酒井さん、こんにちは。三月というのにまだまだ寒い日も多いですね。いかがお過ごしでしょうか。

先日の事、私は生放送の「R－1ぐらんぷり」に出演してきました。頑張る方じゃないですよ。審査員の方です。

隣の席にはキャイ～ンの天野《あまの》さんや、木村祐一《きむらゆういち》さんが並びでいらっしゃり、お互い小さい声でのツッコミなど、集中の中に緩和あり、あっという間の終了となりました。

帰り道に収録を思い出しながら、しみじみ考えました。

私が言うのもナンなのですが、「舞台の上に一人で登場して、おかしな事をやって笑いを取る」って、パッと見はシンプルな話のようで、めっちゃ難しいもんなんですね。

これってたぶんですが、基本が若干、不自然な事だからなんじゃないかな、と。二人か三人だと、立ち話のような話だとしても、かなり自然なものです。ありえる。

しかしです。一人だけが皆に向かって話すスタイルって、あんまり日常にはない。ラジオなんかでも、二人だと安心ですが、一人だけの場合だと、（今自分は一人芝居している）などという魔法でもかけなければ、気恥ずかしいもの。そこをやってのけるところがすごい事だと思うのでした。

ピン芸でも、音楽（モノマネ）系は音が中和させてくれるというか、観客の前に立ったときに、いくぶん中身が「ラク」なんですが、音楽系ではない芸風で、一番おかしい人間というのは究極のところ「普通の変人」なんでしょうね。

さあ、急にここで、みんなをビックリさせるような変わった事をします〜、という非常識派、というか凶器を持った変人で行くと、見てる人は案外すぐヒイてしまう。ヒク、という言葉が誕生してからというもの、どうもすぐヒクようになってしまった。客席って、ワガママなもんですねえ。

変な人はおかしい。けど、あんまり突拍子がなくてもダメ、という。かと言って感心するほどうまい、熟練したワザ、っていうのもこの時代、なんだかナマっぽくなくなり、ウケにくい。結局のところは、ある常識があっての、生まれついた変さ、妙さではないかと。

そこへ行くと、レイザーラモンRGさんは最強でした。一匹オオカミそのものという風情。なぜかスティーブ・ジョブズのいでたちで登場しながら、悠々と客席の空気に少しずつアホ酸素を混ぜて行くのでした。はいココ！　ココで笑って！　っていうような事はせず、だんだん少しずつ、(あれ、自分は今、何を見せられてるんだろう?)ってな妙な気分にさせるんです。

しかも聞くところによれば、なんと普通はイヤがるはずの「一番最初の出番」を、彼自ら申し出たのだとか。途中で、司会の宮迫《みやさこ》さんから「おまえ、どんなハートの強さやねん!」と言われてましたが、本当にこれにつきると思います。

彼は「あ、すみません」という顔でしたが、生放送だというのにこういうなんとも言えない太さに、マイルドな変人なカンジがじわじわ漂ってました。

ただし、決勝戦まで勝ち進んだ時に、再び同じジョブズで出る、という豪快さに、なんだか(コイツだけは優勝させてはいけない)という雰囲気が審査員席に流れましたが。変な話、シリアスな現場で、まるでナメた態度を取れるって人は強いもんだなあと痛感した次第です。

それにしても、ああいった場はつくづく男性社会だ、とも思いました。もともと女の出る幕じゃないんだろうなあ、という感じで、誰が決めたんでもなく、ああいう舞台には男が立ってる方がナチュラルな感じがしたりして。今回エントリーされてたのも、全員男性でした。しかし、底意地の悪さでいったら女性の方が面白そうだし、今後の展開がまた楽しみです。

と、書いてる今日は光浦靖子《みつうらやすこ》さんと仕事でご一緒しました。光浦さんは、「恥ずかしいので、これまで番組で一回もボケたことがない」のだそうです。感じすぎです。しかし、「ずっとまっとうな事を言っとったら、番組では逆にそういう言葉が浮いてくるのか、なんだか笑われてしまってる」のだとか。確かに彼女のひょうきんな姿など、見た事ありません。

ちなみに、私と光浦さんがあるドラマに出たときの事。光浦さんが大ファンであるエレファントカシマシの宮本《みやもと》さんについて、私に熱く語ってたところ、たまたま隣の楽屋にいらっしゃった正司歌江《しょうじうたえ》さんが、「あんたたち、さっきからカシマシ、カシマシって言ってるけどいったい何の話？」と、聞かれました。

「エレファントカシマシと言いましてえ」と説明しかけたところで、ふと気がつきました。歌江さんが「かしまし娘」としてカシマシ系では大先輩であったのでした。

「そっちのカシマシかいな」という言葉に笑いました。

つい先日は、その歌江さんはなんと「ＷＡＨＡＨＡ本舗」のステージにご出演され、大ウケだった上、劇団員の皆さんからも大人気だったという噂を聞きました。

タレント半々のような私らと違い、芸の世界で昔から立派に成し遂げてきた人物というものは、肝が違う、腹が違う、風格が違う。いやはやものすごい存在でありました。

姫

酒井順子

清水ミチコさま

六歳の姪を見ていると、確実に自分の世代と違う、と思うことがあります。それは、「撮られ慣れている」ということ。カメラや携帯を向けると、モデルかタレントか、というように、ささっと小首をかしげて、ポーズをとるのです。

私が子供の頃は、カメラに対してこんなに小器用には振るまえなかったものじゃ……。と、私は遠い目をします。自分が子供の頃の写真を見ると、ポーズと言っても、せいぜいたまにピースサインをする程度。直立不動で顔をしかめる、といった姿勢が多いのです。

私が子供の頃と今とを比べると、写真を撮る機会は、格段に増えています。私の時代は、何せフィルムカメラ。二十四枚とか三十六枚とか、限られたフィルムを有効に使うべく、考えて写真を撮っていたように思います。対して今は、デジタルの時代。「とりあえず、撮っておこう」と、パシャパシャと節操無くシャッターを切るように。

写真ばかりではありません。私が子供の頃には、子供をビデオで写すという習慣もありませんでした。お金持ちとか趣味人の家庭では、八ミリフィルムで子供を撮るということもありましたが、我が家においては、子供達の動画など、残っていない。

姪っ子は、もちろん生まれ落ちた直後から、その姿がビデオによって撮影されています。物心がついた頃からは、撮られた動画を自分で見てもいる。「自分の姿をモニターで見る」のが当たり前なのです。

私も時折、姪が運動会で踊っている画像などを見せてもらうのですが、大画面テレビに映る自分の姿を見ても平然としている姪を眺めていると、「この差は、大きいよなぁ」と思うのでした。写真でも動画でも、赤ん坊の頃からずーっと彼女達は撮られ続け、それを眺め続けているのですから。

それはすなわち、「主役感」をずっと抱き続けているということかも、とも思うのでした。モニターの中では、自分がいつも主役。……そんな感覚が、「撮られ慣れた世代」にはあるのでは。

さらにその「主役感」を強化しているのが、ハロウィンというイベントではないかと思っております。ハロウィンというのもまた、私が子供の頃には存在していませんでした。ピーナッツ・コミックスの中でしか知らない、謎のイベントだったものです。

しかしここ数年で、ハロウィンはうんと盛んに。特に子供や若者は、仮装を楽しんでいる様子です。仮装が嫌いではない私としては、その楽しそうな様子が少し羨ましいもの。

　ハロウィンにおいて小さな女の子に人気なのは、お姫様の格好です。もっと大人のお姉さんになると、お色気系の仮装も楽しむようになりますが、チビっ子はやっぱり、プリンセスに憧れる。白雪姫とかシンデレラみたいなドレスを着る女の子達を見ると、

「この発想も、私世代には無かった……」と思うのです。

　すなわち私は、「お姫様になりたい」という気持ちになったことが無い子供でした。白雪姫もシンデレラも知ってはいたけれど、それらは遠い西洋のお話。日本で姫と言ったら、かぐや姫とかつる姫（『つる姫じゃ〜っ！』というギャグ漫画by土田《つちだ》よしこ、が好きだった……）で、「なりたい」という感じの存在ではなかったしなぁ。ついでに言うなら「スタジオアリス」なんてものも無く、子供が仮装すると言ったら、せいぜい七五三くらい。少子化の時代、子供が貴重品になっているからこそ、全ての子が主役感を抱きつつ、子供時代を過ごすのでしょう。

　そんな時、私はディズニーのアニメ映画「アナと雪の女王」を観たのです。ディズニーものも、プリンセスものも実に久しぶり。どんなロマンチックなストーリーなのかしら……と思って見始めると、どうも様子が違います。これは、とある王家に生ま

れた姉妹のお話なのですが、彼女達は実によく動き、よく戦うではありませんか。

プリンセスものと言うと、「理不尽な目に遭ったお姫様が、素敵な王子様に見初められてハッピーエンド」というイメージを私は抱いていました。シンデレラにしても白雪姫にしても、幸せを得るために自分から能動的に何かをする、という姫ではありません。シンデレラは、たまたま忘れてきた靴をたよりに王子様が見つけ出してくれたのだし、白雪姫にいたっては、寝ていたら王子様が見つけてくれたのです。

しかし「アナと雪の女王」に登場した姉妹は、高貴な血筋なのにインディ・ジョーンズ並みに危険な目に遭い、悪い人と戦っている。その様子を見て私は、「姫も変わったのね……」と思っていました。今や、「ぼーっと座して王子を待つ」というタイプの姫は、もう受けないのでしょう。自分の力で幸せをつかみ取る強い姫でないと、チビっ子達もリアリティを感じないのではないか。

してみるとチビっ子達も、私の時代とは異なる「姫」観をもって、ハロウィンにおいてプリンセスの扮装をしているのかも。すなわち、ただ「王子様に見初められて幸せになりたい」のではなく、「幸せを自分の力でもぎ取りたい、でもきれいな格好をしてなくちゃイヤ。なんなら、王子様を私が助けてあげるわ」くらいな感じなのか。

そういえば映画の中でアナちゃんは、何度も男性のピンチを救っていましたっけ。

まま母とかまま姉から、ただいじめられていたシンデレラとは大違いです。時代に合ったプリンセス像を、ディズニーも作り出しているというわけですねぇ。

我が姪っ子も、フリフリした洋服が大好き。しかし案外、戦う心を内に秘めているのかもしれず、写真を撮る時にろくにポーズもとれない叔母さんとしては、「強く育っておくれ」と祈るばかりなのでした。

タモリさん

清水ミチコ

酒井さんこんにちは。

「アナと雪の女王」、私も観てきました。さっそくCDを買い、頭の中で一緒に歌っております。

私は昔から恥ずかしげもなく、ミュージカルものが大好きで、しかも哀しいシーンよりも、なぜか人が明るく幸せに踊るような光景を見てしまうと涙が止まらなくなるのです。

十代の頃は紅白歌合戦で（ああ、幸せそうだな）、と感じてしまった瞬間に感情が高まり、涙が出そうに。しかしここで泣いて弟から笑われるのは、どうしてもくやしい。なのでトイレに行くふりをして、一人嗚咽《おえつ》を抑えた事を思い出します。

泣いた、といえばこのあいだは「笑っていいとも！　グランドフィナーレ」でも泣いたり笑ったりと、忙しかったです。私はこの世界に入って初めてのレギュラーが「笑っていいとも！」だったので、この日はスタジオと打ち上げに居合わせる事ができました。

実は私は高校時代からタモリさんの大ファンでした。「モンティ・パイソン」という番組でタモリさんを発見してからというもの、(なんてステキな芸風なのだ、テンション低めだし、言葉遣いが丁寧、そしてこれまでのお笑いの人とタイプが全然違う！）と、夢中になりました。なんというか、どんな番組に出ても当時新人だったはずなのに、腰が低くはなかったのです。なぜか妙に威厳があるという。そんなところも好きな理由のひとつでした。

クラスの女子はみんなまともにアイドルやタレントが好きだという中、私のタモリさん好きが担任の先生の耳に伝わった事がありました。「清水な、おまえは絶対に悪い男にひっかかるからな。断言しとく」と、言われたものです（今考えるとひどすぎる)。

女子短大生となってからも、「タモリのオールナイトニッポン」にせっせとハガキ(ネタ投稿）を出し続け、それが読まれた時の喜びは忘れられません。

また当時のタモリさんは「ベイ・シティ・ローラーズ」や「名古屋人」を思いっきりバカにしてたので、(誰かに怒られないのかな、今夜は言わないといいな）など、勝手に心配すらしていました。

バイト代を貯めては、タモリさんのライブコンサートにも数回足を運び、（今日は会場がお客さんで満杯になりますように）と祈ってみたりと、一人勝手な思い出は私の中にたくさんあるのでした。私の芸風もまた、タモリさんの作品のひとつなのです。

ところで、いいとも最終回を迎える一週間ほどの期間には、週刊誌がいっせいにという感じで、タモリさんや「笑っていいとも！」の特集を組んでました。

私は三つの女性誌に目を通せたのですが、「女性自身」の特集が特に素晴らしかったです。

私でも初めて見る（って何様だよ）写真も多く、たとえばお爺ちゃんと一緒に写っている幼少時代のタモリさんや、ジャズ研時代、喫茶店のマスター時代など。その特集の中にはタモリクイズもあるのですが、私ですら（だから何様）全く知らなかった出題もたくさん。しっかり切り抜きしました。

先日の打ち上げ会場では、タモリさんと長く話せたのですが、「そういえば読みました？『女性自身』の特集。見てみてください！」とオススメしてしまった私も頭がどうかしていましたが。

なんだか夢中で書き進めていますが、最後にひとつ、私が好きな、そしてあまり知られていない「タモリさんのエピソード」を書かせてください。

タモリさんが山下洋輔さんらに呼び寄せられ、福岡から上京し、赤塚《あかつか》不二夫《ふじお》先生のお宅に居候していた、というのは有名な話ですが、その時まだ新婚だったはずの奥さんは、福岡に残されたまま、いったいどういうお気持ちでおられたのか。特にあの時代に、急に夫がお笑い稼業に転職するかもしれないだなんて、どんなに不安だったか、それともあきらめの境地でいらっしゃったのか。と、奥さまにインタビューしたら。

「あの人は、肝が据わってました」との返答だったそうです。

この明快で美しいお言葉。さすがです。ああ声を入手できたらマネしたい。奥さまのファンにまでなりそうです。

デビュー当時は主婦層から嫌われてたあのタモリさんが、今や国民的タレントとなっている理由のひとつには、この「肝が据わってる」というところにあったのではないか、と今さらながらに思いを馳せるのでした。

ヅカ

酒井順子

清水ミチコさま

「笑っていいとも！」三十二年。すごいことです。「徹子の部屋」は三十八年、「サザエさん」四十五年、「笑点」四十八年。

　こうしてみると、長寿テレビ番組は意外と残っているものですね。昭和はまだ、終っていないのかも。……とはいえ、「徹子の部屋」も「サザエさん」も、私より年下。そして「笑点」は私と同い年だったりして、自分の長寿ぶりにもびっくりします。

　さらに今年は、宝塚百年ということが話題になっております。宝塚唱歌隊というものができたのが一九一三年のことなのだそうで、それが阪急電鉄創業者である小林《こばやし》一《いち》三《ぞう》の発案であったことは、よく知られているところ。

　百年だからというわけでもないのですが、先日私は、久しぶりに宝塚を観に行ってきました。ちなみに私、全くヅカファンではありません。観に行ったことはあるのですが、

「ふーん」

と思うくらいで、はまることは無かったのです。

しかし中には、一度見たことによって胸をワシ摑みにされ、

「今はすっかり、宝塚に夢中です！」

と言う人も、少なくありません。

ちなみに私の周囲には、宝塚にはまり出した前後に離婚した人が、何人かいました。宝塚にはまりすぎて、夫はどうでもよくなったのか。はたまた、夫と不仲になったその心の空洞を、宝塚で埋めたのか。順番は定かではありませんが、しかし時に宝塚というのは、実際の男以上の夢や希望を、女性達にもたらしてくれるものらしいのです。

そんなヅカファンを見ていると、少し羨ましくもあるのでした。彼女達が男役さん達を見つめる目は、まさにハート型。同じ公演を何度も見たり、地方までおっかけに行ったり、とても楽しそう。そこまで何かに夢中になってみたい、と思わせます。

今回も、「今度こそ、私も魅惑の宝塚ワールドにはまることができるだろうか？」と楽しみにして劇場に向かいました。……が、結論から言うなら、やっぱり私は、あの世界にはまることはできなかったのです。宝塚の公演の開幕前は、いつもその組のトップスターがアナウンスをするのですが、その瞬間に「ぷっ」と吹き出しそうになって、後は何を見ても「素敵」と言うよりは「面白い」という感想に。そのうち、も

ともとの興味の無さがすっかり露呈し、最後までぐっすりと眠ってしまったではありませんか。

こっくりこっくりと舟をこぐ私を見て、周囲のマジなヅカファンは、きっと殺意を覚えたに違いありません。「この神聖な舞台を観て寝るなんて……。寝るくらいなら来るな！」と。

女が男の良いところだけを濃縮して演じるから、宝塚の男役は本当の男よりも素敵なのでしょう。が、やはり私は、女がヒゲをつけたりチョンマゲを頭に載せたり、低い声で話したりしているのが、可笑しくて仕方がない。「歌舞伎は好きな癖に、何を言っているのだ」という話もありましょうが、歌舞伎の場合は四百年も同性演劇をやり続けていて、たとえ変でも「こういうものだ」と思い込むという感覚が、こちらに染みついている。対して宝塚は、歴史はあると言えど、まだ百年。日本人の精神の奥底に染みつくまではいかない近代の産物ということで、まだ「ぷっ」となってしまう人もいるのではないか、と思った次第。

しかしこの「ぷっ」という感覚、なかなか口に出せるものではありません。宝塚関係者というのは、役者さんもファンの方々も、大変に真面目。なにせ「清く正しく美しく」なのであり、歌舞伎の世界に漂っているドロッとした感じが、ありません。私のような者が「ぷっ」と吹き出しているのが見つかったら、袋だたきにあいそうなのです。宝塚音楽学校の合格発表とか入学式というのもテレビで見ましたが、ああいったシーンでも、受験生の皆さんは大マジでしたっけ……。

誰もが真面目すぎるあまり、茶化したくても茶化せないのが宝塚の世界であるわけですが、しかしそんな中で、私のような者の「ぷっ」という感覚を、見事に具現化して下さったのが、清水さん演じるヅカキャラ「轟寿々帆《とどろきすずほ》」でした。清水さんが見事に男役に変身されていたわけですが、真面目に演じれば演じるほど、そこには可笑しみがにじみ出る。本物の宝塚男役を前にしたら大笑いは許されませんが、轟寿々帆さんのことはいくら笑っても大丈夫。ゲラゲラと笑いながら「私は、こうしたかったのだ！」と、それまで宝塚に対してたまっていたうっぷんを晴らしたような気分になったことでした。

実は私も、とある取材において、宝塚の男役の扮装をしたことがあるのです。元宝塚の方に、男役のメイク法や、男らしい座り方もご指導いただいた。「男役の目は、上下幅よりも横幅を出すことによって、格好よく見える」といったコツをうかがい、「なるほど！」と思ったものでした。

その時に感じたのは、「低身長男の悲哀」です。私は、女としては平均程度の身長。

ということは、男になると小さいのです。だからこそ、男の顔になって男の服を着ると、ものすごく格好悪い。「低身長の男性って、色々と気にしているのだろうなぁ」と、しみじみ思ったことでした。

となると、舞台に立ってもすらりと男らしい宝塚の男役さんというのは、本当にスタイルの良い方なのでしょう。実物を目の前にしたら惚れてしまうのかもしれないけれど、「とはいえ、なぁ……」ということで、女に惚れるのはもう少し先、自分が本物のご長寿になってからの愉しみに、とっておきたいと思います。

UFO

清水ミチコ

いま頃ではありますが、酒井さんはベストセラーとなった木《き》村《むら》秋《あき》則《のり》さんの『奇跡のリンゴ』を、お読みになった事がありますでしょうか？

映画化までされたのだそうですが、この本を読んだとき実は私は、無農薬で育てたリンゴが奇跡的に実った、というクライマックスの瞬間よりも、それとは関係なく横道にそれた話が、あとからじわじわと効いてきました。しかもそれがあまりにあっさりと「ついで話」のように書かれている上、ほとんど話題にもなってなかったのですが。

なんと木村さんは、「一度宇宙人にさらわれた」とあったんですよね。

で、連れて行かれるがまま、宇宙船の中に入ったらしいのですが、「そこには外国人が二人いて、自分と同じく連れて来られたような様子だった」と。

それからしばらくたったある日、木村さんがテレビをつけたら、UFOの特番をやってたそう。そしてそこに「私たちは、宇宙人に連れ去られた」と、証言している外国人二人が映っていたんですが、その見覚えのある顔こそ、間違いなくあの時出会った外国人達だった、との事。そしてその画面に映った二人も、「私たちはあの時、日本人の男性を一人見た」と言ってたそうです。

ウケます。宇宙人のその人選。

彼なら素朴だし、まさか嘘だと思うまい、という思惑がまるであったかのようです。

酒井さんご自身は、UFOを見た事はありますでしょうか？　案外少なくなさそう。いっさい信じない方も多いようですが、私なんかは「わからないけど、興味だけはうっすらある」という、いつもの野次馬根性のままです。

そんな私をいつも担当してくれているメイクさん（男性）。徳島出身で気立てがよく、のんびりとした彼は、決して嘘を言うような人間ではないのですが、「十代の頃、しょっちゅうUFOを見ていた」と言います。

言うと必ずからかわれるので、あんまり口にはしてなかったのだそうで、ふと見上げれば空に浮かんでたり、山のむこうに幾つかのそれが、よく群れていたんだそうです。

先日はこんな話を聞きました。

彼が高校生の時の事。自宅で寝てたら夜中にベッドごと持ち上げられ、そのままの状態でぐんぐん上へ上へと引き上げられ、家から完全に連れ去られたと。

びっくりした彼は（宇宙人じゃないか⁉）と思ったとたん、急に恐ろしくなったんだそうです。

目を開けるのが恐くて、力いっぱい目をつむっていたそうなのですが、（宇宙人か？）が（宇宙人だ！）に変わったのは、「手のようで、でも人間の手ではない感触で体中を触診されたときだった」と言います。

そうしてしばらくたって、気がついたときには部屋にもどされており、彼はパジャマ姿のまま、透明の液体で全身が覆われ、完全にびっしょり濡れていたそうで、おびえながら家族を呼んだそうです。

まっさきに部屋に飛び込んできたお父さんは、彼の言ってる内容よりも、全身びっしょり状態の方にショックを受け、いったい何て言ったと思いますか？

「す、すぐに祈禱してもらおう！」となったんだそうです。

悪魔払い……。

実はもともとそのお父さんは、「僕、今日もＵＦＯを見たんだ」と言ってる彼を、ずうっと心配なさってたらしいのです。

そして、翌日には神社に連れて行かれ、御祈禱を受けたという。

神主さんにお礼を言って、親子で歩く、その帰り道。「どうだった？」と、お父さんに聞かれた彼は、「正直言っていい？　僕、よくわからなかった」と、答えたそうです。

　そしたらお父さんは、「そうだったか。お父さんにはなんか御祈禱が効いたみたいで、スッキリしたぞ」と、さわやかに言ったそうです。

　そっちに効果行っちゃったか。でした。

　信じるにしろ信じないにしろ、私はお父さんの最後のセリフが面白く、大笑いしてしまいました。

　お父さんは、そっちのパワーを信じてたから効果もあったのだろう、という事は間違いがなさそうです。

　ところでそんな私も、過去に一度だけ（あれ？　オレンジ色の発光体が、いやにぐるぐる旋回してる）と、車の窓からUFOらしき物体を発見した事がありました。ものすごく忙しく、疲れてた日の夕方です。

　運転中のマネージャーに話しかけました。

「ちょっと、車を止めてくれない？　空を見てほしいんだけど」

　マネージャーもとても疲れていましたが、言う事を聞いてくれました。そして、低いトーンでこう言いました。

「ああ。UFOっすね」

しーん。

「じゃ、車出しますよ」

そうなんです。UFOを見たという大事な驚き、喜び、感激などいっさいなかったのでした。

「疲労って、すごいもんだなあ。UFO目撃の驚きも消えうせた」と、そっちに驚いたのでした。

ルーズヴェルト・ゲーム

酒井順子

清水ミチコさま

普段はあまりテレビドラマを熱心に見ないのですが、今は「ルーズヴェルト・ゲーム」というドラマを見ている私。あの「半沢直樹《はんざわなおき》」と同じ原作者そして同じスタッフ、という作品です。

堺雅人《さかいまさと》さんこそ登場しませんが、悪役を演じるのは「半沢直樹」と同様、香川照之《かがわてるゆき》さんということで、半沢直樹の残り香が、そこにはたっぷりと。

それにしても、たまに「他に役者さんはいないのだろうか」と思えてくるほど、様々な作品にひっぱりだこ、そして歌舞伎役者としても活躍する香川照之さん。「ルーズヴェルト・ゲーム」でも、財界の大物を、憎々しく演じておられるのです。

「半沢直樹」においてはもう一人、歌舞伎界から片岡愛之助《かたおかあいのすけ》さんが出演され、そのおねえ風演技がおおいに話題になっておりました。愛之助さんご自身は、歌舞伎においては立役中心。しかし養父の片岡秀太郎《ひでたろう》丈は名女形ということもあり、その堂に入ったおねえ言葉が、ドラマに独特の歯触りをもたらしたのです。

現代劇に歌舞伎役者さんを登用することによって、このように絶妙な化学変化が起こることが、しばしばあるものです。香川照之さんも、歌舞伎役者の家に生まれ、近年になって市川中車《いちかわちゅうしゃ》の名を得て歌舞伎兼業となった方。「半沢直樹」の最終回における、香川さん演じる大和田《おおわだ》常務の土下座シーンは、まさに歌舞伎そのものといった感じがしたものです。

「ルーズヴェルト・ゲーム」においても、財界の大物役として、歌舞伎界から坂東三津五郎丈（その後、二〇一五年に死去）が登場。歌舞伎役者という鉱脈の豊かさを感じさせます。

さらには、「半沢直樹」「ルーズヴェルト・ゲーム」といったドラマの内容が極めて歌舞伎的であることも、歌舞伎役者を登用する理由の一つではないかと、私は思います。すなわちこれらのドラマは、歌舞伎における時代物そっくりだから。

歌舞伎は「時代物」と「世話物」に大別されるわけですが、江戸時代に〝当時〟の話を扱っていたのが、世話物。廓物、心中物などがこちらになります。

対して時代物は、舞台を江戸時代よりも前と設定し、武家社会におけるあれこれを扱った演目が中心。

武士すなわち男ばかりが出て来る演目が多い時代物は、世話物と比べると舞台の色彩も乏しく、惚れた腫れたネタも少ないので、つい眠くなってしまう私。しかし歌舞伎通の人達は、時代物の方に歌舞伎の真の醍醐味を感じるらしいですね。

「半沢直樹」「ルーズヴェルト・ゲーム」は、まさにテレビドラマ界における時代物的な存在感です。舞台は過去ではありませんが、取り上げられているのは企業戦士、すなわち現代社会において自らを武士にたとえたがる人々。歌舞伎においても時代物ファンは男性が多いようですが、これらのドラマは、現代の時代物として男性視聴者をがっちりと摑んだからこそ、高視聴率につながったのではないか。

内容も、時代物がかっています。「半沢直樹」では、堺雅人さん演じる主人公は、かつて自分の父親を自殺に追い込んだ銀行に勤めているということで、仇討ちムードがたっぷり。仇討ちといえば、曽我《そが》兄弟とか忠臣蔵など、歌舞伎の時代物において最も人気があるテーマです。

悪者がきちんと存在するのも、時代物がかっています。歌舞伎では、悪者はもう、化粧とか格好からして「悪者以外の何ものでもありません」という存在感ですが、半沢系ドラマにおいても、香川照之さんを筆頭に、悪者は徹頭徹尾、悪者。

「ルーズヴェルト・ゲーム」では、香川さんに加えてもう一人、落語家の立川談春《たてかわだんしゅん》さんも、悪役を演じておられます。ふてぶてしさ、憎々しさにおいて香川さんに勝るとも劣らぬ存在感の、談春さん。ある回においては、香川さんと談春さんが互いをののしり合うシーンがあったのですが、竜&虎のにらみ合いのような迫力でした。

　この悪役二人のにらみ合いというのは、歌舞伎と落語のにらみ合いのようにも、私には見えました。かたや演劇界のトップスターであり、歌舞伎役者でもある香川さん。こなた、最もチケットが取れない落語家である談春さん。テレビドラマという場において、歌舞伎と落語という、日本を代表する伝統芸能の誇りを背負った二人の、代理戦争が行われているようではありませんか。

　話芸と言われる落語。考えてみますとこの演芸、究極の一人芝居でもあるのでした。一人で何役をも演じ分け、ト書きまで語る。座布団一枚しか舞台装置は無いし、舞台衣装は着物だけ、小道具は扇子と手ぬぐいだけなのに、噺《はなし》を聞いているだけで江戸の情景が目に浮かび、人を笑ったり泣いたりさせることができる落語家さんが、テレビドラマで名演技を見せるというのも、当たり前のことなのかも。

「ルーズヴェルト・ゲーム」では、企業同士の争い、企業内の争い、そして社会人野球部の争いと、様々な争いごとが重層的に絡み合う内容です。そしてもう一つ、歌舞伎vs.落語、のみならずvs.現代劇という異種格闘技も、そこには重なってくる。

　点を取ったり取られたりして一点差で決着をつける、という試合を「ルーズヴェルト・ゲーム」と言うのだそうです。ストーリーにおける様々な争いの他に、歌舞伎、落語、現代劇という役者さんの出身土壌の違いによる抜きつ抜かれつの関係性も、ついつい気になるドラマなのでした。

ライバル

清水ミチコ

代官山TSUTAYAの三島由紀夫《みしまゆきお》コーナーで、『金閣寺の燃やし方』という、素晴らしく大胆なタイトルの本を発見し、速攻で手に取ったら酒井順子さんの著書で、さらにびっくりしました。

まだ読み始めたばかりですが、ものすごく面白いです。

そしておおいにそそられる本の中でも、金閣寺の事件にまつわる小説を書いた三島由紀夫と、水上勉《みなかみつとむ》という、ほぼ同時代ながらも全く異なる環境に生まれた二人の小説家の対比こそが大きな柱。

そして前回、酒井さんがここにドラマ「ルーズヴェルト・ゲーム」について書かれてたように、やはりライバル関係というもの、なぜかいつまでも見る側、読む側の気持ちにぐっと拍車をかけてくれるものなんですねえ。

私のネタの中でも、「ユーミンと中島《なかじま》みゆき対決」や「美輪明宏vs.瀬戸内寂聴」「大《おお》竹《たけ》しのぶと桃井かおりバトル」など、勝手に想定しては戦わせたりするのですが、こういうのはまちがいなくライブなんかでもウケたりしています。

「やれやれ〜！」「いいぞいいぞ〜！」というお客さんの声も聞こえそう。きっと対岸の火事的なひやかしだから楽しかったりするのでは、と感じるのですが。

私の中学時代は、桜田淳子《さくらだじゅんこ》と山口百恵のどっちが好きか、でよく盛り上がってました。

「花の中三トリオ」と呼ばれてたうちの二人なのですが、もう一人の森昌子《もりまさこ》はその範疇ではなかった。親なんかに「歌がうまいねえ」と言われる存在であって、中学生にはむしろ歌唱力などいらないもの。マイクを持った時の安定感よりも、どこか微妙に不安が漂う表情、ここに私たちの応援したい気持ちはそそられるのでした。

そんなワケでいつも二者択一。それなのに当時の私はものすごく揺れてました。

「桜田淳子、山口百恵、どっちにも決められない!! 本当にどっちも正解だ」

たとえば友達なら桜田淳子だけど、歌となると山口百恵の方を聴いていたいな、とか。スリムな体型は桜田淳子がいいけど、態度や言動で山口百恵の方が好みかな〜、など。

誰も知りたがっちゃいないのに、ずっと考えているのですからのんきなもんです。でもそれほど「陰と陽」「月と太陽」ってカンジに分かれる。百恵ちゃんの暗めなまなざし、桜田淳子の明るさの対比は、選ぶだけでも心が躍る。

インタビューごっこというのも編み出し、まわりの女子たちとつるんでやってました。

インタビュアー役の子に「二人は仲がいいんですってね？」と聞いてもらう。と、桜田淳子役は「はい！　そうですネ！」と元気に答える。「百恵ちゃんは？」と聞くと、一瞬考えて「……はい」となんとも静かに微笑む。（あんまり仲はよくないんだけど、波風立てぬようにそうしておきましょうか。こういうお仕事ですから）という暗黙のテレパシー。

これだけ。

でも、これを何度やっては喜んでいたことか。

しかも、大人になってからもなお、このトリオのネタをやった事があります。同窓会会場に先にやってきた桜田淳子と山口百恵。遅れている森昌子を待ちながらも、二人で（なんでまだ森昌子は芸能界に残ってるの〜。私達二人ともやめたのに〜）とデュエットする。そして歌の終わり頃にタワシの映像が背後に出てくる、というもの。

ニヤニヤ。どうしてこういうのって楽しいのかしら。もはや今は意味がわからない世代も多いので、ネタとしてはむつかしいところですが。

けれども、実際の話としては、自分が誰かとライバル関係と思われながら、まわりからニヤニヤ見られていたら、ものすごく「いづらい」もんでしょうね。

いつか、野口五郎《のぐちごろう》さんでしたか、「だいたい御三家という言い方はレコード会社が言い出しただけのことで、自分はあの二人（郷《ごう》ひろみ、西城秀樹《さいじょうひでき》）のことをライバルと思ったり、意識した事は一度もない」などとインタビューに答えておられたのを思い出しました。

（そっちでどう見ようと勝手だけど、こっちはそう思ってないから！）という、心の叫びにも似た声を感じましたが、やはりどうしても、立ち位置が近い人間同士ほど、にらみあいやすい。世界情勢なんかでも、隣国同士ほど、なかなかうまく行かないように。

私も時々、「ライバルは誰ですか？」などと聞かれ、「特にいないです」と答えては空気を白けさせてしまう事がありますが、これだけ勝手に人の事をネタにしてるのに、自分がいざ当事者にまわるのはカンベンして欲しい、という気持ちがあるのです。

わがまま〜。

酒井さんの『金閣寺の燃やし方』は、買った翌日の、スチャダラパーＢｏｓｅさん主催の岡山でのイベントに持参しました。

楽屋で読んでたら、ANIさん（スチャダラパー）に「清水さん、すっごいタイトルの本を読んでるんですね！」と驚かれました。

「読み終わったらあげよっか。ものすごく面白いんだ」などと、先輩風をふかしてたのですが、その岡山でも、へえ〜！　と知って驚いた事がありました。

同じ岡山の中でも、岡山市と倉敷市とは、長くライバル関係にあるのだそうで、岡山市（都会的思考）と倉敷市（クラシックたるプライド）は、ちょいちょいぶつかっているのだとか。

さらに岡山県全体としては、隣県である広島県に対してのライバル意識はいまだ残っているとのこと。

「どんなに今後もビルが立ち並び、訛《なま》りがなくなっていっても、人間の中にある土地の持つ県民性の意識だけはずっと残り、変わりにくいもの」と、いつか読んだ齋藤孝《さいとうたかし》さんの言葉をこの日も思い出しました。

能楽

酒井順子

清水ミチコさま

『金閣寺の燃やし方』、読んで下さってありがとうございます！　もともとミシマニアではあったのですが、あの本を書いて水上勉作品を色々と読むようになった私。水上勉といえば、当時の文壇随一のモテ男だったそうなのですが、確かに写真を見るととても格好よくて、モテるのもよくわかります。

水上勉の盟友でいらした瀬戸内寂聴先生とお話をした時には、

「あの人はねぇ、ちょっと芝居がかっているのよね。額にはらりとかかった前髪をこう……、かきあげたりしてね。母性本能をくすぐられるタイプよ」

とおっしゃっていました。水上勉は、「不幸のデパート」と称されるほど、様々な不幸に見舞われたのだそうですが、しかしそんな不幸を原動力にし、創作活動に励んだのです。そんな陰翳《いんえい》に、女性達は「ステキ♡」と寄っていったのでしょう。

若狭《わかさ》に生まれた水上の故郷を訪ねたりして、ここ数年はすっかり日本海側づいている私。さんさんと陽光が降り注ぐ乾いた太平洋側と違って、冬場は分厚い雪雲に覆われてしっとりし続ける日本海側には、独特の美意識がある気がします。「これが太平洋側だったら、とっくにおしゃれカフェとかできているだろうに！」と思われる絶景が手つかずのままに残っているのも、日本海側の特徴でしょう。

そんな日本海側の、文化的な意味での首都のような存在が、金沢。金沢というと、東京からの直線距離は京都よりも近いにもかかわらず、鉄道で行く場合は乗り換えが必要で時間がかかるということで、遠い所というイメージがあったものです。しかし今年の末には北陸新幹線が金沢まで通じるわけで、ぐぐっと近くなる。

もう、鉄道を乗り継いで金沢に行くのは最後になるかもしれないな……と、私は越後湯沢《えちごゆざわ》からほくほく線経由の特急はくたかに乗り換えつつ、思っていました。新幹線一本で行けるようになるのは、嬉しくもあり、また少し寂しくもあり。

金沢では、久しぶりに兼六園に行ってみました。高校三年生の時、初めて一人旅をした行き先が金沢だったのですが、その時は兼六園を見ても「なんだこれー。つまんない……」と思っていた私。しかし今回は、その美が沁み入るようでした。松の枝振りとか流れる水、咲く花に「嗚呼《ああ》……」とか思っている自分に、「年をとるってこういうことね」としみじみ、そしてしんみり。

兼六園は前田家のお庭であったわけで、金沢は加賀百万石の武士の街。前田家は能役者を手厚く保護したということで、今でも金沢では能楽が盛んです。兼六園のほど近くには、県立の能楽堂もあるのです。

私が行った時はたまたま、能楽堂にて観能の会が行われていました。本場・金沢で能を観るって素敵じゃないの……と、ふらりと入ってみることに。

能というと、高齢の方々がお好きなイメージがありますが、若いカップルなども観に来ているのが、いかにも本場らしいところ。私もちんまりと座って、開始を待ちます。

しかし私、能は全く不案内。日本の伝統芸能というと、歌舞伎・文楽・能がメジャーどころかと思いますが、庶民の芸能である歌舞伎や文楽は楽しく観るのですが、能はどうも高尚すぎて手が出ません。

金沢で能に開眼、なんていいかもね……と意気込んで観始めたのはいいのですが、意味のわからない謡に合わせて、ゆっくりとすり足で動く人々を眺めるうちに、脳に甘〜いガスのようなもの、すなわち眠気が充満してきました。そしてシテが橋がかりから静かに登場した辺りで、私の意識は早くもどこかへいってしまった。いわゆる「ド寝」です。

そして、なんということでしょう。意識が回復した時には、シテは既に舞台から去っていたではありませんか。すなわちその演目はもう終りだったのです。

能楽好きの人に聞けば、

「みんな眠くなるものなんですよ。私も、ついウトウトしてしまうこと、あります
し」

とおっしゃいます。しかし私の場合は、「ついウトウト」どころではありません。

薬でも盛られたかのように、ほぼ最初から最後まで失神状態なのですから。

そういえばだいぶ前にどこかで能を観た時も同じような状態に陥り、

「隣に座っているのが恥ずかしかった」

と、同行者が言っていましたっけ。

今回、兼六園の美が理解できたような気になって、「大人になるって、いいことだわ」などと思っていたのです。素敵なお寿司屋さんで美味しいお寿司も食べて、「こんなお店の魅力も、若者にはわかるまい」と思っていました。

金沢の旅では、このように「大人になった私」を堪能するはずであったのに、しかし能楽は、調子にのっている私をはね返しました。まるで、「あなたにはまだ早い」と、眠り薬を嗅がされたかのよう。

私はきっと、次に金沢に行く時は新幹線に乗ることでしょう。新幹線はきっと金沢

に大きな変化をもたらすのだと思いますが、その頃には私もさらに大人の階段を上がって、お能のわかる女になっているのかどうか……。

ま、半年やそこらでは無理だと思うので、長期的視点で、能楽の理解に努めたいと思っている私。兼六園の良さは三十年かけてわかるようになったわけですから、八十歳近くなる頃に、お能もわかるようになっていたらいいなぁ……。

声と顔

清水ミチコ

酒井さん、また寝ましたか。私も若い頃に一度、能を観に行ったはいいものの、敗北感を抱いて帰りました。

やはり、「おまえは、ま・だ」みたいな気がしますね。そしておそらくその道は私には遠いな、と思いました。能を観て、絶賛している外国人などを見ると「MAJISUKA?」と疑ってしまうほどです。

私が能を観に行ってみたいと思うきっかけになったのは、『禁煙の愉しみ』（山村《やまむら》修《おさむ》）という本を読んでから。禁煙する必要はなかった私でしたが、「禁煙は味わうに足る人生の快楽」だとか、「喫煙時代が白黒なら、禁煙はカラーだ」など、言葉の使い方がとても斬新で気持ちよく、禁煙のハウツー以前に、エッセイとして貴重な体験を読むかのようでした。

で、その作者が大の能ファンらしく、何度か自分の快楽のために、趣味の能舞台を観に行く描写があるのですが、そこを読むたびに甘美な時間がふわっとやってくる感じがしたのです。能の快楽とはいかなるものなのか？　と、知りたくなったのでした。

ま、それで敗退と。慣れも大きいのでしょうがねえ。ちなみに私は一度だけ能の舞台に立った事があります。といってもお客さんは一人もいない夜ですが。

昔、ある番組で、能登にある能舞台上で、吉田日出子《よしだひでこ》さんが歌い、私がピアノ伴奏を、という企画があったのです。初めて生でお会いする吉田日出子さんは小柄でとてもかわいらしかった。しかしなんといっても魅了されるのは、あの声です。ふわふわと溶けるような声で、しかも、鈴がころがるような話し方をなさるのですが、（本当にこうなんだ！　自然にこうなんだ！）って感じでした。

どんなに若い頃はおモテになってこられたのだろうか。ずっと耳にしていたい声ではないか、ましてや殿方ならさぞかし。と、しげしげと見つめてしまいました。かといって女そのものって感じでもないの。少年性といいますか……。

やはり声というものはその人をよく表すものだ、とこの時も思わずにいられませんでした。単に声の良し悪しではなく、発声の仕方というのか、ちょっとしたところに性格が出るように思われます。几帳面な人は几帳面な話しぶりですもんね。

あと、顔がハデな人は声もやっぱりハデなような。声は顔とセットなのかな。生まれ持った顔の方に後年、声が似てくるものなのか、生まれつきの声に合わせた顔つきになってくるのかはわかりませんが、とても面白いところです。アニメソングの歌手や声優さんも、昔から代々濃い顔の方が多いものですが、それはアニメの世界が、華やかな声を欲しがっているからなのではないでしょうか。

　私がもしも自分の声のモノマネをするとしたら、イメージはジミ・ややガサツ。いいところでもあり、悪いところでもあり。自分の性分に重なってます。

　一度お目にかかった酒井さんはやっぱりとても上品な声でした。そういえば、世界中に歌のコンテストはあっても、声のコンテストがないのは不思議ですよね。もっと堪能してみても良さそうなものです。

　このあいだの記者会見で号泣した議員の男性は、後半の嗚咽のせいじゃなく、言葉が耳にあんまり入って来ない声というか、うわずりがちな声ですよね。人に一抹の不安を抱かせます。会見には批判が相次いだと聞きましたが、嗚咽よりもむしろ、こっちに理由があったかもしれません。

　声だけは、どんなに自分で努力してもまず変わらないもの。もちろん電話に出るときなどワントーン高くなったりする、一瞬での変化というものはあるでしょうが。よほどの事でもしない限りは、身にはつかないものだと思います。

　見た目ならどんなに整形できようとも、声を変えるのだけは、いかにメスが進んだ医療界と言えど難しい。

一度、声で「あれっ？」と思った思い出があります。コドモを連れて映画「シンデレラ」の日本語吹き替えバージョンを観に行ったときの事。ちょっと違和感があり、エンドロールで誰の吹き替えだったのかちゃんと見よう、と思ったら、シンデレラ役が、なんと若尾《わかお》文子《あやこ》さんだったのです。知的すぎる！　大人すぎる！　品格溢れすぎる！　と一人ツッコんでしまいました。やはり、アニメにはアニメのようなルックスの人の声がいいのかもしれません。

かぐや姫だったら絶対アリではなかったでしょうか。余計なお世話ですわな。

声の変化

酒井順子

清水ミチコさま

声に関しては、長年のコンプレックスとなっている私。声が低くて死人の脳波のように抑揚が無い感じが、嫌なのです。抑揚の無さは、声質というより話し方の問題なのでしょうが、たまに録音された自分の声など聞くと、背中がぞわぁ〜となるのでした。

声を出すのは声帯だそうですが、声を響かせる身体の大きさも、声の質にはかかわる気がします。身体の大きな西洋人男性の声というのは、深く低く響いてとろみがある感じ。「こういう声の男性って、日本にはいないなー」と思う。対して我が同胞男性の声はというと、その身体と同様、サラッ、ペラッとしていることが多いものです。

人種によって声が異なるのみならず、時代によっても声は変わります。昔の日本映画を見ていると、ヒロインの声が今の若い女優さんと全く異なるもの。小津《おづ》作品における原節子《はらせつこ》の声など聞くと、「こういう声の女性って、もう日本にいないのではないか」と思います。いるとしたら、美智子《みちこ》妃くらいか。

昔の女優さんというのは、「鈴を転がすような」と言うのでしょうか、とにかく声が高く柔らかいのです。ヒロインを演じるような女優さんで、落ち着いた低い声の人はいない。さらに小津映画で若い女性は、

「お父様、あたくしね」

みたいな感じで話すので、そのクラシックな話し方ともあいまって、「声は時代によって変わる」と思うのでした。

先日も、温泉宿で黒澤明《くろさわあきら》監督の「隠し砦の三悪人」のDVDを観ていたら、男まさりなお姫様という役を演じる上原美佐《うえはらみさ》という女優さんが、声が高いのに「男まさり」感を出すために台詞を絶叫しているので、ほとんど何を言っているのかが聞き取れませんでした。これまた録音技術の問題なのかもしれませんが、発声法からして、今と違う気がします。

今の女優さんはと見てみると、声が低い人も珍しくありません。天海《あまみ》祐希《ゆうき》さんや江《え》角《すみ》マキコさんなどは、身体が大きいなりの低い声ですし、若い女優さんでも、無理して高い声を出す人は少ない。

清水さんがあれだけの物真似のレパートリーをお持ちであることからもわかるように、声はある程度、自らの意志でコントロールができるものです。声が低い私でも、

若い時分、男の子との飲み会などの席では、知らず知らずのうちにワントーン高い声を出していたもの。高い声の方が男ウケする、ような気がする……と、誰からも教わったわけでもないのに感じ取り、声帯が敏感に反応していたのでしょう。

とするならば昔の女優さんは、社会の状況に自らの声を合わせていたのかもしれません。小津監督や黒澤監督の全盛期には、女性はまだ、高く細い声で話すべき存在、すなわち弱くて庇護されるべき生き物であった。ですからもともと低い声の人でも、無理をして高い声を出していたのではないでしょうか。それは声だけでなく、行動や服装にも、その手の縛りがあったものと思われます。

そこへいくと今の時代は、昔よりもずっと「ありのまま」が許されています。ありのままがウケるということになってからは、アイドルでも女優さんでも、ほとんど露悪的と言ってもいいほどに。

しかし人間、「ありのまま」に声を出し続けていると、どんどん年をとるにつれて野太くなるような気がしてなりません。以前、私が母親に電話をしたら、

「もしもし」

という声が祖母にそっくりで、

「おばあちゃんかと思った！」

と驚いたことがあります。そして今は、私が電話に出ると、

「お母様かと思った！」

と驚かれることがしばしば。それは「声も似る」という事実のみならず、「声も老化する」という事実を示します。「とするといつか私も、あのキンキンしていたおばあちゃんの声に似てくるのか……」と思うと怖いのですが、一人の人間の中でも、声は変わっていくのです。

声を出す職業の方にとっては、こういった声の経年変化は深刻な問題に違いありません。昔のアイドル歌手が今歌うと、高い声が出なかったり、酒焼けしたようなガラガラ声になっていたりして、聞いている側が悲しくなることがあるもの。全盛期のイメージがそのまま残っているだけに、その悲しみは深いのです。

そんな中、私は先日、松田聖子さんのコンサートへ行って参りました。デビューからもう三十五年になるという聖子ちゃん。しかしアイドル時代のヒット曲もバンバン歌ってくれて、「さすが聖子ちゃん、ファンの気持ちをわかってる！」と思わされます。

「夏の扉」の前奏など聞くと、青春がフラッシュバックして涙が滲んでくる私。「聖子ちゃん、ぜんぜん変わらないワ〜！」などと感動するのですが、しかし聖子ちゃん

にしても、昔と全く同じ声というわけではないのでしょう。アイドル時代の聖子ちゃんの歌声を聞くと、今とはやっぱり違う、若い声なのですから。

しかしどこがどう変化したかということに、我々はあまり気付かないのです。その「気付かせない技術」こそ、キャリアが長い歌手には不可欠、ということになりましょう。

外見のアンチエイジングは、どんどん進んでいる今。しかし声における老化防止技術は、まだ発見されていないように思います。外見は若いのに、口を開けたら声はガサガサで話し方もおばさんだったりすると、周囲をとても驚かせてしまうもの。声帯のアンチエイジング法がそろそろ、ハリウッド辺りで流行るかもしれませんね。

プールとメンタル

清水ミチコ

酒井さんこんにちは。自分の声を自分の耳で聞いて、コンプレックスを持ったという人って、たくさんいるようですね。

あのテープレコーダーで聞いたときに来る、（ちょっと予感はあったけど）というガッカリ感。そして、（ってコトは、まわりの人はずっとこんな声を聞いてたんだ……）という恥ずかしいような気持ちは、誰にも平等にやってくるかのようです。

逆に自分の声を聞いてから急に声に自信を持てた、って人はあんまり聞いた事ないですね。口に出さないだけなんでしょうか。でも本当にまわりにも誰もいないような。いや、声優を目指すような人は、きっと自分の声が好きじゃないとできないかもなあ。

極端な話。年を取るとともに、性は逆転し、女性はお爺さんのように、男性はお婆さんのようになる、と聞いた事がありますが、加齢とともに声帯も下がってくるので、女性の声はどんどん低くなるらしく、私も男性のモノマネレパートリーが増えてきました。

世界的にもプロのレベルでの歌手活動が可能なのは最高齢でも七十代まで、それに比べるとピアニストは九十代まで可能だそうです。のどの方が指先よりも先に老いやすいんでしょうね。

それを案じて、というわけではないのですが、私はスポーツジムにここ数年通ってます。週に二回、一時間ほどですが。それでも（通っているんだ）という思いが、自信につながるような気がするのです。

何もしない、自然体のままで人前に出るのは、とうてい難しいお年頃。「ありの〜ままの〜自分にな〜るの〜」というあの歌を心からのびのびと歌えるのは十代までなのではないでしょうか……。

芸能関係者も多く通うこのジムは、エステも併設されていて、汗をかいたあとはそのまま地下にあるエステへ、あるいはマッサージへ、と行けるようになってます。さ、頑張ったんだから自分へのご褒美ね、といった流れを先に酌んでいるのだから、さすがジャの道はヘビ。かくしてジムというものは毎月、結構な投資額にもなっていくのでした。

ところで、先日そのジムのインストラクターさんから「清水さん、たまにはプールに入ってみてはどうですか？　歩きながらでも、水しぶきの音を聞いてるだけで、脳にリラックス効果が生まれますし、何より眠れますよ」と言われ、さっそく試してきました。

暑いし、クーラーもあまり好きではないし、と、夜はどんどん寝つきが悪くなっている昨今の私。二十分ほど泳いでみただけでしたが、その晩は驚くほど爆睡できました。若い頃に普通にあった「アレ」じゃないか！　でした。

クイッと睡眠。クイック睡眠。

これが気に入って、何度か通ううち、ふと気になったのが混み具合。

あれ？

最初のうちはプールも「自分一人か多くて三人！」という広々とした世界だったのが、七月下旬に入ったとたんに急に混み始めたのです。そしたら、なんという事でしょう。

（フケツ）という気がしてきてしまった。

消しても消しても取れない。

衛生上なんて感覚は、子供の頃にはぜんぜんなかったのに、こっちはあとからややこしい。思わずジムのスタッフに「あのう、ここのお水って週に何度換えてますっけ？」と、聞いてしまいました。

きっとこう答えてくれる。

「お客様、もちろんお水は毎日、取り換えております」

　しかし実際の返答は、こうでした。

「循環させてますので年に一度です」

　私の顔にショックが出てたのか、すぐに「でも、ここのプールは日本で一番水がきれいだというお墨付きをもらっています」（ニッコリ）との事でした。

「ありがとうございます」と笑顔で答えながらも、（水はきれいでも、一枚の水着を通しているだけで、本当は素っ裸の男女が、同じ水に浸かっているんだ）と、微に入り細に入り想像する私。

　うお〜。

　考えてはいかん、想像してはいかん、そう思うほどに気になってしまった。

　睡眠はなんとかなったのに、余計な想像力を消し去るというか、黙らせる方法がないものか、今度はそっちを知りたくなりました。

　最近の若い人も、私の若かった時代よりもずいぶんデリケートになってきていると聞きます。将来的には、メンタル方面を強化できるというジムがあったら、案外うまくいくのではないでしょうか。

水着と眼鏡

酒井順子

清水ミチコさま
　プールの水の交換ですか。……私、考えたことも無かったです。

それというのも私は、不潔に滅法強いタイプ。先日、近所の奥さんと話していたところ、

「私、バスタオルの使用を家族に禁止しているの。家族全員分のバスタオルを毎日洗っていられないわよ」

　と言っていて、度肝を抜かれました。驚いたのは、「バスタオル使用を禁止している」ことではなく、「バスタオルを毎日洗う」ということに関して。不潔に強く、かつ水ケチの私は、バスタオルなど平気で何日も使用するのです。

　しかしハタと「私の方が異常なのか」と思い直し、

「そうですよねー、お洗濯大変ですよねー」

　と誤魔化したわけですが、後から周囲に聞いてみたら、バスタオルを毎日洗う人って、結構いるんですね……。

以前、清水さんがエッセイに、服を洗濯をしようかどうか迷う時、その服を舐めて確かめるということを書いていらした気がします。私は「名案であるな」と思ったのですが、バスタオルについてはどうされているでしょうか。

そして気付いてみれば今年の夏も、私は水着を一度も着ませんでした。プールにも海にも行く機会が無く、「行かねば」という気にもならない。ネットを見ていたら水着のバーゲンをしていて、つい出来心で買ってみたのですが、長年水着を着ていないせいか、いざ着てみたら似合わないことといったらありません。

水着が似合うか否かというのは、太っている痩せているということよりも、「身体にその覚悟があるか否か」が大きくかかわるような気がします。つまり、水着を着慣れているかどうかの問題。

大学時代、水のスポーツをしていた私は、起床と同時に水着に着替えて以降は、夜の入浴時間までずっと水着を着っぱなしという生活を日々、送っていました。すると、特にスタイルが良いというわけではなかったにもかかわらず、身体が水着仕様になって、それなりに見られたのです。

しかし今、数年に一回しか水着を着ない身体になると、たまに水着を着た時に、身体がオドオドしていることに気付きます。年をとってだらしない肉体になってきたこともありますが、水着姿を鏡に映すと、もう恥ずかしくて五秒と見ていられない。まだ全裸の方がマシと言えましょう。

水着に不慣れな肉体とは反対に、顔面に関しては「眼鏡に慣れすぎている」という悩みがあります。睡眠と入浴時以外はずっと眼鏡をかけている私の顔面は、「眼鏡アリ」という状態にあぐらをかいています。眼鏡を外すと顔が一気に締まりを失い、まさに「どんな顔をしていいかわからない」のです。

先日も、七歳の姪の前でふと眼鏡を外したところ、

「順子さんって、眼鏡外すと別の人みたいだね」

と言うので、

「どっちが可愛い？」

と聞いてみたところ、

「眼鏡してる時」

という素直な返答が。眼鏡を外してみたら予想外にきれいだった、というのは昔の少女マンガだけの話なのであって、純正眼鏡女にとって、眼鏡はなくてはならない化粧の一部なのですねぇ。

しかし、眼鏡を外していると良いこともあります。それは「何をしても全く恥ずか

しくない」ということ。

温泉などに眼鏡を外して入ると、誰にどこを見られようと、全く恥ずかしくありません。私の視力は〇・一以下で、眼鏡を外していると周囲のことはぼんやりとしか見えないため、「自分が見えない。ということは周囲からも見られていないに違いない」という感覚になるのでしょう。

初めて行く巨大なスーパー銭湯のようなところの場合は、眼鏡を外すとあまりにも危険なので眼鏡をかけて入るのですが、そんな時は急激に恥ずかしくなるのでした。全裸に眼鏡という状態だけでも恥ずかしいのですが、周囲の裸も自分の裸もはっきり見えるのもまた恥ずかしい……。

ですから私、自分が万が一、演劇や歌唱などで舞台に立たなければならないことになったら、眼鏡を外そうと思っております。周囲さえ見えなければ、何をしたって恥ずかしくないような気がするのですが、その辺ってどうなのでしょう。清水さんはライブの時、「恥ずかしさ」についてはどう対処されているのでしょうか。

そういえば眼鏡を外すともう一つ、できる事があるのでした。私は虫が嫌いなのですが、害虫駆除の時は、眼鏡を外すとスムーズに事が運ぶことがわかったのです。

たとえばゴキブリに殺虫剤を吹きかけて、瀕死の状態にする。眼鏡をかけてはっきり見える状態だと、その瀕死のゴキブリを片付けるのが怖くて及び腰になり、ヨタヨタと物陰まで逃げられてしまうことがあるのです。

しかし眼鏡を外すとアラ不思議。「見えない」効果で、さっさと紙に包んで丸めて捨てることができるではありませんか。「見ぬもの清し」ってこういうこと？

このように、何でもはっきり見えればいいというものではないことがわかる昨今。水着を着ても、眼鏡さえ外してしまえば、自らの肉体を直視することなく、堂々と行動できるのかもしれませんね。

顔と視線

清水ミチコ

酒井さんこんにちは。

前回酒井さんが書かれてた印象的な言葉。

「自分の目がよく見えない。ということは周囲からも見られていないに違いないという感覚」

実に面白い……。

これを読んで、思い出した事がありました。

それは野沢直子さんのお婆ちゃんの実家（人形町）で飼われていた猫の話。

なんでも、人間の食べ物をちょっといただこう、着物かなんかのヒモを取ってイタズラしよう、など悪い事をするとき、なぜか必ず目をつむってやってたんだそうです。

家族で「なんでこのコは毎回毎回こういう時ばかり目をつむっちゃ悪さをするんだ？」と話してたらしいのですが。

そしてしばらく見ててわかってきたのが、どうやらこの猫は（自分が見えないようにさえしていれば、人間からも見えてないのだと思っているらしい）という結論にたどりついたという事です。

笑いました。

酒井さんと同じ心理ではないですか。

見えてますよ。バレてるんですよ。

前髪を長く垂らして目を隠す、自意識の高い女の子たちもきっと同じ心理なのでしょうね。「周囲から誰にも自分が見られていない」という希望は、こうして錯覚をも生み出すという。

そこに関して言えば、私だってもしも顔が透明になれたら、どんなに面白い芸人になれてたか！　と、思うときがあります。

それを感じたのは、二十代のむかし。一曲、サングラスをかけてやるネタがありました。

宇崎竜童《うざきりゅうどう》さんの曲に合わせながらモノマネする、というネタだったのですが、その瞬間になると、我ながら（な〜んてのびのびできているんだろ〜）と思えてならなかったのです。

サングラスで自分の顔や目が見えてないとなると、自分の声だけに集中できるわ、まるで自分一人の世界ってカンジになれるわで、とても無心というか、無邪気になれたのです。

いつかは、ラジオ局でこんな光景を見ました。

ある売れっ子さんなのですが、深夜の生放送をちらっと見学してみたら。

なんと、スタジオの電気を全部消し、真っ暗な状態の中、小さなロウソクを灯しながらリスナーに向かって、めっちゃハイテンションに語りかけてたのです。

知らない人が見たら、不気味に見える姿に違いありません。しかし私には（わかるわあ〜）と思えたものです。

ラジオとはいえ、マイク一本に向かって「お前らよお〜」など、上から気軽に言えるなんていう事は、実は尋常ではない芸当だと思うのです。並の神経でできるものではなかろうと。

マイクに向かって原稿を読むとか、あるいは相手がいての会話だったら誰にでもできそうですが、やはりこの「マイクしかない場所で誰かに話しかける」という不自然とも思える行為は、もはや「一人芝居」の世界。

本当にこの状態で、のびのび気ままにおしゃべりができる、なんて人はどこかでよほど腹をくくったか、あるいは極端な自分好きじゃないかと思えてきます。

ちなみに私のオットは地味な人間なのですが、いつでしたか、こんな話を聞いた事があります。

学生時代、アルバイトに誘われ、遊園地でかぶりものをかぶったところ、（えっ⁉ オレはこんな動きまでできる人間だったのか！）と、自分でも驚くくらい大胆に動いていた、と話してました。

これもきっと、顔を消した安心感のなせるワザ。顔をなくせば自由はそこにあるのでしょう。

これを聞いてからというもの、最近人気の高まっているゆるキャラたちがどんなに過激に動いてても、私は実はそれほど感心してません。

もしも「（入ってる）人の顔がつい出ちゃうノッシ〜！」みたいな本気にゆるいのが出てきたならば、絶賛できるでしょう。

そのくらい、顔って美醜問わず、恥ずかしいものなんでしょうか。

さて、自分がライブに立った時は、どうしているか？ ですが。

実は「ありがちな清水ミチコのモノマネ」をしています。

そうすると本当に心理的に楽になれ、しかもやればやっただけ、どんどんうまくなってくるような。って、変な話ですが。

そのうちに自然な自分にだんだん戻せてくるようなのですから、あながち間違った方法でもなさそうです。

ディズニー

酒井順子

清水ミチコさま

加齢とともに年々、「顔を隠したい」という思いが強くなっている私。デコジワを隠すために前髪を下ろしたいのですが、極端なくせ毛のため、前髪がどうしても直立してしまうのです。強力ストレートパーマでもかけない限り、「前髪サラリ」は不可能。

その代わり、というわけでもないですが、マスクは大好きなのです。喉が弱いということもありますが、カバンの中にいつもマスクが。マスクをすると、「守られてる～」という感じがするのであり。暑い季節になってマスクを外して外出すると、どうもノーパンで歩いているような気持ちになるものです。

しかし「隠す」こと以外にも、私に一種の解放感を与えてくれる行為がありまして、それが仮装、今風に言うならコスプレです。

人生で一度も制服を着たことが無い私は、子供の頃からずっと制服に憧れておりました。大人になってからは、「色々な制服を着て感想を書く」という連載を無理矢理開始して、その欲求を成仏させたりもしました。

ですから私、三島由紀夫が楯の会をつくった気持ちが、わかる気がするのです。サイボーグ009チックな楯の会の制服を見ると、「三島は、制服が好きだったのだろうなぁ。制服によって縛られたかったのだなぁ」と思うから。

物書きのような仕事をしていますと、制服でなくとも、たまに突拍子も無い格好をしてみたくなるものです。物書きの場合、仕事着はといえば、できるだけ身体を締め付けないラクな格好がよいくらいで、お洒落をする必要は全く無い。清水さんの可愛らしい舞台衣装を見ていると、「いいなぁ、晴着を着る機会があって！」と思います。

友人知人の結婚式もめっきり減る年頃ですので、披露宴にお洒落をして行く機会も無い。特殊な団体にも所属していないので、お揃いの何かを着る機会も無い。どうも、衣生活における刺激が少ない！

……と思っていたある日、私はディズニーランドへと行く機会がありました。ディズニーランドは、五年ぶりくらいか。相変わらずの混雑っぷりに驚きましたが、つい真っ先に足が向かったのは、かぶり物をたくさん売っているお店です。ディズニーランドへ行くと、どうしても何かを頭に装着したくなるのは、私だけではないことでしょう。

ミッキーやミニーなど、キャラクターの耳がついたカチューシャ。派手な帽子や頭部用着ぐるみ。自らの年齢も多少は意識しつつ、しかし「ここは夢の国なのだから誰が何をかぶろうといいだろうよ」とヤケクソにもなりつつ、ホワイトバニーの耳つきカチューシャを購入します。早速装着すれば、ああ何とディズニーランドの楽しいことよ。

周囲を見れば、そこには色々な格好をしている人達がいました。小さい女の子は、お姫様のドレスを着て得意げに歩いている。カップルは、普通の街ではなかなか見ない、ザ・ペアルック。

ペアルックは、ディズニーランドにおいては男女のカップルだけのものではありません。「双子コーデ」と言うらしいのですが、女の子同士でお揃いの服を着てディズニーを楽しむのも流行っている模様ですし、三人以上のグループでお揃いの服を着る人々も。さらには、大学生の間では、自分の高校時代の制服を着てディズニーランドに来る「制服ディズニー」という行為も流行っているそうで、少しだけトウの立った制服姿の女子達もよく見ます。

こうしてみますと、ディズニーランドというのは今、老若男女にとって「仮装が許される空間」として、認識されているようです。コミケ的なコスプレには興味が無い人も、たまには弾けた格好がしたい。そんな時にディズニーランドは、広く門戸を広げてくれているのです。

双子コーデだのお揃いコーデだのをしている若者達を見て、私は「チッ」と舌打ちをしました。気に入らないのではありません。私も着たいからこその、悔しい舌打ち。

双子コーデなりお揃いコーデなりをしている女の子達は、「目立ちたい」という気持ちを持っています。しかし、皆と同じ格好をしている限り、自分だけが目立つという心配は無い。「全体としては目立つが、個は埋没させることができる」という、日本人の自意識にとってはまさに理想的な状況を、ディズニーランドにおける双子コーデやらお揃いコーデは、もたらしてくれるのです。ああ、楽しそう。

ディズニーランドという場所は、市井の人々にとって、舞台の役割を果たしているのでしょう。目立ちたい気持ちはある。けれど俗世であまりに目立つ格好をしてしまったら、変人扱いされてしまう。だから、ディズニーランドで仮装をしよう、それも皆と一緒に……ということなのではないか。

かつては渋谷のセンター街が「舞台」の役割を果たしており、チーマーだのギャルだの、時代によって様々な珍奇な格好を見ることができました。しかし今は渋谷にさほどの勢いは無い……と思ったら、舞台はディズニーランドに移動していたのです。

夜の、京葉線。舞浜から乗った乗客達は、ディズニーランドのお土産が入ったビニール袋を手に、魂が抜けたような顔をしています。彼等は既に、舞台を降りた人達。京葉線の車内は、舞台がはねた後の楽屋裏のようなものなのであり、虚脱感が充満するのも当然のことなのでしょう。

私が持つビニール袋の中にも、ランドを出る時にそっと外した、ホワイトバニーのカチューシャが。家に帰れば「何でこんなの買っちゃったんだろ……」と思うわけですが、このカチューシャこそ、私にとっては夢の国への通行手形だったのですねぇ。

「瞑」と「想」

清水ミチコ

酒井さんこんにちは。前回のディズニーランドの話、大好きでした。

そういえばつい先日来たばかりの大型台風の時も、写真とともにネットに掲載されていました。ディズニーランドのキャストの皆さんはあの大雨の中、ずぶ濡れのまま終始笑顔だったと。なんてエラいのでしょうか。これこそ芸能。いつも私はそっと陰から尊敬の目を向けているのです。

実情はいろいろあるのかもしれないけど、そういう噂はちゃっかりスルーと決めてます。

一度ディズニーランドを知ると、ほかのアミューズメントパークが見劣りしてしまうんじゃないかと思います。幼い頃に連れて行ってもらった大阪万博の経験がある私たちの世代だと、その後にどんなによさげな「なんとか万博」と名前がつくものに行っても、まったく物足りなくなってしまいました。「贅《ぜい》」があそこだけすごすぎたのでした。

また、本場のディズニーランドに行った時も、東京ほどのへりくだったサービスはなかったと記憶しています。本場には「喜び」みたいなものが不足と感じてしまう。東京ディズニーランドはそういう意味ではいろんな意味で世界一ではないでしょうか。

ただ、私はそこで仮装する喜びだけは持ってなかった。あれは皆さん、そういう意味でコスプレを楽しんでたのか、と酒井さんの文章でハッと気がつきました。私は仕事柄（?）、仮装はいらなかったんでした。

それにしても、異次元に自分を浸すことは、プチ贅沢でありながら、ストレスの即効的な解消法とも言えるのでしょう。ディズニーランドに限らず、異空間に行く事は、現実逃避の最たるものだと実感します。

おととしの夏頃でしたか、私は空港でふと手にした「プチ瞑想」の本にハマり、イタズラにやってみた時期がありました。ジミですが面白いものです。座ってあぐらをかいて、およそ十五分をめやすに「何も考えない」事をするというだけのもの。

ところが、これがなかなかできない。雑念と言いますか、すぐに「あれやらなくちゃ、これやらなくちゃ」という用事ばかりが思いつくんですよね。なかなか黙ってくれない。自分の命令なのに、こんなに聞けないものかね、と感心するほどです。

なんでも脳みそというものは、いつでも「刺激」を欲しがるもので、心配や仕事、悩み事を作り出すのも大好きなんだそうです。すぐに忙しぶる、とかすぐにクヨクヨする、というタチの人はもしかしたらここから来てるのかもしれませんね。

大丈夫です。変な宗教にハマってるワケじゃないですよ。

で、ディズニーランドなんかとは真逆に見えるようなこの「自分を黙らせる」という感覚も、実はものすごく現実逃避に近いなあって思えるんですよね。

私が（何も考えない＝無）という感覚でうっとり思い出せるのは、小学生のときに習ってた習字の時間。「ザ・集中」という静かなあの時間は、今思い出してもなかなかいいものでした。

墨をスるのから始まって、いざ筆を持つとなんだかふわ〜っと気持ちのよくなる成分が脳に漂ってくるような。教室にどれだけ人がいたとしても、自分ひとりの静けさ。トリップとはここから生じた言葉なのでしょうか。異空間が、確かに体中を駆け巡ったものでした。

ああ、久々にスりたくなってきました。スリと呼んでください。

書道というのは、役に立つ便利なもの、というよりは集中や筆によって弛緩させる楽しさを教えてくれてた時間とも言えるのでしょう。考えてみたら贅沢な時間ですね。お茶や華道なども、この脳みそ（ふわ〜）状態がもっと強力においしくやってくるものなのでしょうな。ノーストレス。

そういえば高校時代の冬休み、ピアノの先生のご自室（豪華）で、庭に白い雪がたくさん積もった景色の窓ガラスに、ストーブの燃える火がチラチラと同時に映ってるのを見てた時は、あまりに静かで永遠を感じ、（時間よこのまま止まれ）と命令した事がありました。あれも、ふわ～んといい脳波の漂った時間でした。

ついそんな光景まで書いてしまいましたが、そののちに、矢沢永吉《やざわえいきち》さんもこの命令を歌になさったようです。

現代人なら誰でもそうでしょうが、携帯やパソコンなど、つい長時間ながめてしまう毎日。すぐに刺激的な情報がいくらでも飛び込んでくるから、脳が好むところの心配やら怒りやら、とかく神経だけが忙しがってるようです。どこかで遮断でもしなければ、なんだか流されて行ってしまうだけ、というような気がするのでした。

文字

酒井順子

清水ミチコさま

お、清水さんもお好きでしたか、「墨」。私も墨、好きなのです。墨をする時の、あの「さりっ、さりっ」という硯《すずり》との摩擦。漂う芳香。たまりませんね。墨の香りの入浴剤とか作ってくれたら、中高年にウケるのではないかと思うのですが。

全く上手ではないけれど、墨の香りと、文字を書く時の集中の感じが捨て難く、私は書道を習っております。原稿を書く時は、「集中力の欠落」というものが悩みであり、少し書いては煎餅をかじり、少し書いては携帯のゲームに夢中になる……という私なのですが、いざ書道となると、集中できる。縦線を一本まっすぐ引くのが、そして美しくはらうのがいかに難しいことかと、思い知らされます。

思い起こしてみれば、何かを「書く」という行為が単純に好きだったことが、私の今の仕事につながっているようです。文字であれ図であれ、何らかの線を紙の上に引くのが子供の頃から快感だったのであり、特に直線が好きだったため、定規を使ってノートにグラフを写し取る、みたいな行為には夢中に。しかしあいにく絵の才能は無かったために文字の方に進んだ、ということなのではないか。

若い頃は、パソコンはおろかワープロも無かったので、原稿用紙に原稿を書いていました。マス目が次第に黒い文字で埋まっていくことも、書き終えた原稿用紙が重なっていくことも、楽しかったものです。

その後、ワープロからパソコンへと、書くための道具は進化していきました。今となっては、原稿を書くのに消しゴムが必要だったあの時代のことを、忘れそうになるのです。

しかしだからこそ私は今、書道が好きなのかもしれません。原稿を書くという作業は、もはや「書く」というよりは「打つ」。そんな中で、書くことの原初的な楽しみを味わいたくて、私は筆を持つのではないか。下手だけど。

NHKで、日本の昔の映像を流す番組を見ていたら、戦時中の様子が映っていました。すると、町内会の会合とか、出征兵士を見送るとか、何かをする時の立て看板とか横断幕の文字が、やたらと立派なのです。おそらくは、町内で達筆とされるおじいさんなどが書いたのでしょうが、その堂々とした筆致に思わず見惚れた。

キーボード無き時代、人々は皆、それなりの文字を書くことができたのだと思います。今では、他人様に見せる文字＝活字であるわけで、もしも仕事の企画書が手書き

だったら、

「読みにくい」

とか、

「狙いすぎだ」

などと言われることでしょう。しかし昔は、他人様に見せる文字も、当然ながら手書き。人は、他者の視線を意識しながら、文字を書いていたのです。

今、手書きの文字を見せる相手というのは、とても近い関係の人に限られるのではないでしょうか。ポストの中の郵便物に、手書き文字の手紙やハガキが交じっているとドキリとしますし、自分が私信を書く時も、緊張するもの。今や手書き文字というのは、下着と同様、「よほど親しい人でないと見せないもの」になった。

だからなのでしょう、たまに他人の手書き文字を見ると、恥ずかしくなることがあるのです。極端な丸文字のように、生まれた時代を感じさせすぎる文字だったり、はたまたある種の性格の歪みを感じさせるような、癖のありすぎる文字であったり。

省庁の建物が完成した時など、「○○省」という看板の文字を時の大臣が書いたりすると、「えっ」と脱力するほど下手だったりするものです。はたまた、囲碁将棋の有名棋士の扇子をいただいて広げてみると、「あうっ」と腰が抜けそうな駄文字だったり。

昔は、大臣にまでなるような政治家や、タイトルをとるような棋士というのは、それなりに上手な文字、はたまた味のある文字を書いたのだと思います。しかし今、文字と能力、そして文字と人格の間には、あまり関連性が無い時代となりました。以前、木嶋《きじま》佳苗《かなえ》容疑者の手紙が新聞に載っていたのを見たら、彼女がものすごい美文字であったことからも、このことは感じられるのでした。

今、特にチェーン系の居酒屋やラーメン店では、その「無個性なチェーン」イメージを打ち消すためか、店名やメニューに、手書き文字を採用するところが多いものです。が、私はあの手の〝居酒屋文字〟もどうも、好きになれません。何か、こちらの心にずかずかと入り込んでくる感じの文字と言いましょうか。そのカジュアルな文字は、「肩のこらない料理のフリをして、実は単なる素人料理だったりするのではないか」とも思わせるのであり、「下手に個性を漂わせようとしない活字にしてもらった方が、よっぽどこちらは気が楽だワー」という気がいたします。

非チェーン店となると、手書き文字の看板やメニューの文字によって、美味しいか否かは、ある程度判定できるものです。やはり「えっ」とか「あうっ」と思わせる文字だと、料理もそれっぽい。私としては、やはり清潔感がある端正な文字の店に、入ってみたくなりますね。

それにしても、居酒屋文字とかラーメン文字というのは、どこかに「そればかり書いている専門の職人」がいるのでしょうか。「確実に美味しそうに見える書」を書くことができる人がいたら、その需要はかなり高いのではないかと思われるのでした。

まだまだ努力家

清水ミチコ

酒井さんこんにちは。私は今、自分のCDを制作中で、もう録音は終わり、あとはマスタリングを待つだけです。

「ウサギとカメ」の童話を、ユーミンさんが歌ったら、陽水さんが作ったら、みゆきさんバージョンだとこんな歌になるのではないか、などという相変わらずのネタや、瀬戸内先生の法話でやさしく語りかけてみたり、インド歌謡をチャダさん（七〇年代、日本で活躍したインド人演歌歌手）と歌ったり、など、内容の濃い五十分になっています。ぜひ聴いてくださいませ。

タイトルは「趣味の演芸」。

確かに私は仕事でありながら趣味も兼ねています。今回でちょうど十枚目のアルバムになるのですが、こういうものが完成したとき、いつもこんな言葉がよぎります。

「気が済んだ」

いったいなんなのでしょう。どういうカルマを背負っているのでしょうか。自分でも意味がわかりません。

先日は所ジョージさんが、やっぱりCDを制作され、とても嬉しそう、かつ楽しそうでした。作品を聴きましたが、肩の凝らない歌いっぷりが素晴らしかったです。いい趣味、という感じがしました（なんか失礼）。

ところで、このあいだ田舎で弟と会ったのですが。

大学ではジャズ研に所属していたほどジャズにのめりこんでいたはずの彼。今はジャズ喫茶とお弁当屋さんを経営する実家を継ぎながら、夜は好きなように仲間とバンドをやっていたのですが、なんとここ最近、小唄を習い出したんだそうです。

小唄？　私はびっくりしました。小唄はとても奥深いもので、小手先ではできない、芸能たるものがあるのだそうです。大人ですね（当たり前）。

私には小唄がどういうものなのかすらよくわかりませんが、「ジャズシンガーのビリー・ホリデイは、よく聴くとどこか小唄みたいにサラッとしてるから、没後何年たってもあんなに好かれるのではないか」などと言ってました。「サラッ」がキモなのでしょうか。

先日は小唄の会の本番があったそうで、東京からやってきた小唄の会の皆さんと歌いあった様子。あんな山奥にわざわざいらっしゃる通がおられるとは、ますます奥深い話です。

「緊張する？」と聞いてみたら、「なんだか本番で焦ってもしょうがないいんじゃないか、と悟った」のだとか。小唄を習ううちに、芸能だけは頑張っても仕方ない世界なんだとわかった、と言ってました（あんた誰に向かって口きいてんの）。

しかし、なるほど所ジョージさんのCDを聴いた時もそういう感じがしました。実に頑張ってない。うまい事言っただろ、とか、歌がうまいだろ、的な自己顕示欲が薄く、全体的に吹いてくる風が軽いのです。余芸として、とか、楽しいからやっている、という感じが伝わってきます。リッチなんですよね。

こういう事は誰にもできるようでいて、案外できない事ではないかと思います。特に頑張り屋さんでコマメな日本人。どうしたって自分を表現するときにベストを尽くしたい、と思ってしまうのが当然ではないでしょうか。

しかし、ここが面白いところで、努力したのに売れない人もいる。それは努力したからこそ、見る側がその重さに困ってしまう、という気持ちをわかっていないのではないか、というような。この一点は、スポーツと見どころが違うのかもしれませんね。点数のつけようがない。

人は、つまりお客さんは、「オレのここ一番」を見たいのではなく、実はその人の

「平常心」を見たいのではないか。なーんて思えてくるのでした。

一生懸命に頑張ってる芸能人もいる。そういう人も事実、残っている。けれど、無責任な蛭子能収《えびすよしかず》さんがなぜあんなに売れているか、と思うとますます興味深いです。

さて、来年のお正月、一月二日に私はまた武道館公演を頼まれてしまいました。今度は単独で、と言われてしまった。私もいかに頑張らないでできるか、試してみたいです。変な努力。

「すごいですね」「ついにですね」など、まわりから言われるのですが、その中でただ一人「よく引き受けちゃったねー。なんでやるの?」と言ったのが、所さん。

さすがのお言葉。そうなのです。断る事もできたのに、引き受けた自分は、恥ずかしながら本当にライブが好きなんでしょうねえ。

まあ、こんな事を思案しているという自分は、やっぱりまだまだ努力家なようです。

話す

酒井順子

清水ミチコさま

確かに、人は様々なジャンルにおいて、熟練とともに「サラッ」とした感覚になっていくものですね。ベテランのジャズミュージシャンのプレイ、とか。田舎のおばあちゃんの料理、とか。その力の抜けた加減が、こちらにとっては心地よいことこの上ない。自己顕示欲が時間とともに沈殿し、上澄みのところだけを見せてくれるからこその「サラッ」なのでしょうねぇ。

物書きの世界でも、ベテランほどサラサラした文章をお書きになるような気がします。珍奇な言葉遣いで「どうだ」とギンギンに攻めるのは、やはり若手の方々。次第に、水のようにごくごく飲むことができる文章を会得していくのではないでしょうか。

気がつけば私も、長いあいだ文章を書き続けています。日本語は、何度も洗濯していい具合にクタクタになった夏がけ布団のような慣れ親しんだ存在ではあるのです。しかし同じ日本語であっても、「書く」ではなく「話す」となると、話は別。話すことに対しては、どうにも手に負えない手強さを感じ続けておりました。

話すのが苦手なあまり、書くことを仕事にしたと言ってもいい、私。小学生の時分から、授業中にあてられて答えるのは大の苦手でしたし、社会人になってからは、会議中に発言したり、得意先にプレゼンテーションをするのが苦痛なあまり、会社を辞めました。

言いたいことを口ではなく、文章で示すことができる仕事に就くことができて本当に良かったと思うわけですが、しかし物書きの中には、話すことが上手な方もたくさんいらっしゃいます。聴衆を爆笑させつつ「ほろり」感も混ぜ込み、最後は元気にさせる……といった作家さんの講演を聞いていると、「書く」と「話す」の二物を天はこの人に与えたもうたのね、と思います。

もちろん私は、講演という仕事は一切せずに、生きて参りました。どうしても話すことが避けられない業務の時は、どなたかお相手にいていただき、対話形式であればギリギリで何とかなる、という感じ。それでも話している間中、背中をいやーな汗が流れ続けます。

が、しかし。ここしばらく、話す場に際して、ハタと「あれ、私ったら緊張していない」と気付くようになりました。以前であれば胸はドキドキ、顔は真っ赤に……という感じだったのに、いつも通りに話している自分がいるではありませんか。

年をとって、スレてきたというのもあるのでしょう。「死ぬわけじゃなし」と、人前でも腹を据えていられるようになったのかもしれない。

しかしもう一つ、私には思い当たることがあるのです。それは二年ほど前だったでしょうか、とある映画を見た後に、その映画の監督さんによるトークショーが開催されました。監督さんは、私より少し上の年代の女性。映画の趣旨や苦労話などが語られたのですが、おそらく人前で話すことに慣れておられないのでしょう、とても緊張して、おどおどして見えた。話し方だけでなく、登場の仕方、お辞儀のし方など一挙手一投足に、緊張感がにじみ出ていたのです。

その姿を見ていて、私には一つの天啓のようなものが降りてきました。すなわち、

「中年がおどおどしていても、良い事って一つも無いんだな」

と。

若者が人前に立った時、緊張感いっぱいでおどおどしていても、「初々しい」「可愛い」と、周囲は見てくれます。まだ世慣れていないのだから仕方ないよね、と。

対して中年にもなって同じような態度だと、初々しくもないし、可愛くもありません。同情の余地が無い、と言いましょうか。相手が同情してくれるならまだ緊張のし

甲斐もありましょうが、

「なんでこの人、大人なのにこんなに緊張してるわけ？」

と思われるだけだとしたら、緊張のし損ではありませんか。

そのことがあってから私は、「中年になったなら、どんな場でも堂々としていなくてはならないのだなぁ」と、理解したのです。「緊張」は、若者の特権。中年になったのなら、たとえわからないことがあっても堂々と、

「わかりません」

と言わなくてはならぬのだ、と。

かくして私はその後、おどおどの虫が頭をもたげようとすると「中年は堂々としてろ」と、自らに言い聞かすようになったのです。そしていつの間にか、話の内容はともあれ、人前で話す時にもあまり緊張しなくなった、と。

しかし私にとって「話す」というのはまだまだ手に入れたばかりの道具です。となると「サラッ」には程遠いわけで、つい新しい道具で遊ぶのが嬉しくて、「笑っていただきたい」とか「頭がいいって思われたい」というスケベ心が湧いてくる。若者がギンギンに張り切って文章を書きたいのと同じなのでしょう。

あと三十年くらい経ったら、私もいい感じに力の抜けた、恬淡《てんたん》としたしゃべりがで

きるようになるのでしょうか。ぽつりぽつりと話しながら、その時が来るのを待とうと思っております。

ハロウィンの次は

清水ミチコ

「中年が緊張してもいい事は一つも無い」

スカッとした一行、さすがです。

私もそんな風に短い言葉でスパッと決めてみたいです。

決めると言えば、きのうこんな光景を目にしてしまいました。

広くて明るく、メイク直しなんかもできるようになっている某テレビ局のトイレ。

私がドアを開けたら、鏡の前に若い女性がいたのですが。

なんと、携帯で自撮りをしてるではありませんか。

気まずい……。

メイクをしている最中よりもずっと、見てはいけない顔を見てしまった感じです。

一瞬驚きながらも、見えてない風にした私のお芝居こそ自撮りしてよかったかも。

なんていうか、ここ一番、という顔は同性が見るとバツが悪いものですよね。

「あ～っはっは。そんな顔キメちゃってさ～！」と、肩をポン。と、いうほど親しくもないですし。

また、見られてたヒトがワリと平気そうだったのがもっと印象的でした。返して、私の小芝居。(↑決めの一行決定)

電車でメイクをする光景もめずらしくなくなったと思ったら、決め顔の自撮りも見られてOKなのか。

おお、こうしてどんどんスレて行くのか若者よ。とも思ったのですが、しかし、思い返してみると、その人の表情にはそういった「スレてるから」みたいな感じがなさそうだったのです。なんというか、もっとコドモみたいな無邪気さで自撮りをしている、といった風。

無垢なカンジ。

本当に「ベストな自分のショットを撮りたいだけ」ってなもんらしいのです。自撮りで思いっきり上目使いにしてた自分を見られたら恥ずかしいはず、と思ったこちらの方が逆に恥ずかしいような。

「アナ雪」の「レット・イット・ゴー〜ありのままで〜」の歌詞に、「自分を好きになって〜」「自分を信じて〜」とありますが、本当にすくすくと自分を好きになれてる若人が多いんですね。目を拡大とか、顔を小さくできるプリクラも、私にとっては見るのもものすごく恥ずかしい。

悪いおとぎの国だよ〜、もどっておいで〜、です。

「ハロウィンのコスプレ、これからアリの方向で！」になってきたあたりからリンクして、どんどん広まってきてるような気がします。自分も溶け込める夢の魔力は強大ですなあ。

あれ、何ですかね、ハロウィン。

「思いっきり仮想空間を楽しんでおいで」と母親も子供に伝えたりして。喜べって言ってるのか、恐がれって言ってるのか、その祭りの目的地を誰も知らなそう。

クリスマスならわかってるんです。いちおう、祝福ですよね。お誕生日おめでとうございます、と皆でイエス様を祝おうではないか。と。ところが、ハロウィンはよくわからないままなので、気持ちのたよりどころがない感じ。魔除けであり、収穫祭である、といったもともとの意味の双方向性にもベクトルの混乱が見受けられます。

赤と緑といった配色のクリスマスと違って、オレンジと黒という今イチな組み合わせも、私があんまり好きになれない理由。あと、ケルト民族の宗教的な儀式とか、そんなにやってバチ当たらないもんなのか？　とも思えてしまう。

しかし、私がガタガタ言ったところでどんどん世間は「ハロウィンは、アリで!」がノーマルになりつつあるのでした。

先日、下北沢を歩いていたら、洋服屋さんに子供たちが来て、「トリック・オア・トリート!」と叫び、店員さんがお菓子を普通に差し出していました。

「皆さん、世界中には飢えた子供たちが」と、意地悪な私はアグネス・チャンさんのモノマネで言いたくなります。

日本人はもともと西洋志向が強いんでしょうね。

できたら西洋人風になりたい。

ネイティブに英話を話したい。金髪にしてみたい。

あきれた時に、両手のひらを上げたい。

関係ないけど以前、チープなイタリアンに行って「コーヒーください」と言ったら、店員さんが厨房に向かって「エスプレッソ、ペルファボーレ!」と叫んでいました。

こんな狭い店舗で、なんてそらぞらしいのだ!

などと、水を差してはいけない。

ハロウィンの次に来るのは、たぶんイースターではないでしょうか。今はまだ大人しいですが、今頃どこかで着々と卵が茹でられているにちがいありません。

セミプロ

酒井順子

清水ミチコさま

ハロウィン、ここにきてググッときていますよね。なぜなのかしらと考えてみますと、やはり西洋それもキリスト教系のものだからという理由は大きいでしょう。仏教系やイスラム教など、他の宗教に関係する祭りの場合は、より宗教的にマジな感じがして、お祭りというよりは儀式。ユダヤ教のハヌカを流行らせようぜ！　と言っても無理があるわけですが、なぜかキリスト教関連の事物に関しては宗教的な意味をすっとばしていい、と我々は思っているきらいがある。

また、もともとコスプレ好きの日本人にとって、「仮装して良い」というハロウィンは嬉しい行事。「トリックオアトリート」とお菓子を貰うというのも、門付け感をもって楽しむことができるのかも。そしてクリスマスやバレンタインと違って、色恋沙汰抜きで誰でも楽しむことができるのも、ハロウィン人気の一因でしょう。

しかし何よりもハロウィン人気の後押しをしているものは、ネットおよびSNSなのだと私は思います。仮装姿で渋谷に集結している若者の中で、自分の姿を何らかの手段でネットにアップしない人が、一人でもいましょうか。彼等は、別にテレビなどに出て目立ちたいとは思っていないけれど、SNSという〝私メディア〟の中で自分の仮装を見てもらって「いいね」とか言ってもらうことに、充実感を覚えるのではないかと思うのです。

そんな今時の若者を見ていて私が覚えるのは、〝セミプロ感〟なのでした。生まれた瞬間からの映像がビデオで残されている、若者達。彼らはフィルムカメラの時代が終ってから生まれているため、写真に写る回数も、フィルム時代の人間より桁違いに多いはず。

若者と一緒に写真を撮る時に感じるのは、「撮られ慣れている！」ということです。自分がどの表情をしたら一番よく見えるかを、素人さんにもかかわらず、彼等は熟知している。

さらに若者達は、そんなキメ顔・キメポーズをとることに何らテレを感じていないことにも、私は驚くのでした。私の青春時代にも、キメ顔を持つ友人はいました。しかし、

「あの子って、写真に写る時にいっつも同じ顔してるよねー」

「あの顔がイケてるって、自分で思ってるんだよねー」

などと陰で言われがちな、それは恥ずべき行為だった。さらにはその手の友人も、キメ顔といってもせいぜい一種類くらいしか持っていなかったのです。

しかし今の若者は、カメラの前ではモデルのように次々とキメ顔を繰り出しますし、そのことにテレてもいない。

「だって、どの顔がネットにアップされるかわからないし、当然のことでしょう？」

と、シレッとしています。

自撮りという行為にも、ネット世代とそうでない世代の間で意識の違いが如実にあらわれます。若者すなわちネット世代の人々は、自撮り時であっても弾けるような最高のキメ笑顔を見せることができるのですが、私にはとても恥ずかしくて、「オラ、そんなことできねぇ！」と、思わず口調も時代劇の農民調に。

すなわち若者達というのは、ひと昔前であれば芸能人しか持っていなかった資質を、皆が持っているのでした。当然ながら、カラオケが恥ずかしいなどという人もいない。一見ごく地味目な子も、何も躊躇なくトップバッターを買って出て朗々と歌い上げたりするのを見ると、「若い娘っ子はすげぇ……」と、また口調も変わろうというものです。

前回の原稿で、人前で話すのが苦手だったということを書きましたが、今の若者は話すのも上手ですね。最も端的にあらわれるのはスポーツ選手のインタビューかと思いますが、たとえば日本ハムで二刀流として活躍する大谷翔平《おおたにしょうへい》君とか、水泳の萩野公《はぎのこう》介《すけ》君などは、インタビューにもスラスラと気の利いたことを答えて、とてもスマート。

その昔は、スポーツ選手に話を聞いても、

「そっすね」

とか、

「頑張ります」

くらいしか言えず、「まぁ、運動しかしてこなかったのだからしょうがないよね」と思ったものですが、今や一流スポーツ選手は皆、話も上手。運動しかできないのはダサい、という感じです。

いつ何時、自分の映像や画像がネットにアップされるかわからない若者達は、すなわち自分で自分をプロデュースしているのでしょう。昔の若者は、

「君はそんなところでくすぶっている人間ではない。君の隠れた資質を、僕が磨いてあげよう」

と、都会のプロデューサーに見出されて磨いてもらってアイドルに……というのがシンデレラストーリーでしたが、今時のアイドル志望者は、見出されることなど待っ

ていたら、一生くすぶったまま。自分の美質も欠点も知り尽くして、積極的にアピールすることを恥ずかしがる人は、どこにもいません。ガツガツしていないフリをするために、

「友達が勝手に、オーディションに応募しちゃったんです」

と言い張る人は、過去のものとなりました。

含羞《がんしゅう》という言葉が生きていた時代に青春時代を送った私としては、そんな若者にたじたじなのですが、しかし「堂々としていて、いいですな」とも思う者。確かにあの時代、テレているのかテレているフリをしているのかを見極めるのは面倒だったりしたわけで、今時の若者のあっけらかんとした自己アピールは、時に爽やかでもあることよ……と、眩しく眺めているのです。

紅白2014

清水ミチコ

酒井さん、こんにちは。

年末の紅白、ご覧になりましたでしょうか？　一緒にしゃべりあいたいものですねえ。

私はなんといっても天童《てんどう》よしみさんにぐっときました。歌がうまい、なんて程度のもんじゃない。魂の熱唱、というものを感じました。

これぞ紅白歌合戦。

観るものに演歌も好きになる瞬間を生まれさせ、実はよく知らなかった「やっぱ好きやねん」という歌も、深く味わうことができ、（あとで録画したヤツをもう一回観たい！）と思いました。

美輪明宏さんの「愛の讃歌」は、さあ、最後になるほどにどんどんカメラが近づいてくるんだろうなあ。さあ、いよいよだ。くるぞくるぞ〜。さあ！　いまだ！

あれ？　まだ？

早くアップでお顔をお見せください！　と待ちかまえてたのですが、残念ながら最後まで華麗な立ち姿のままでいらっしゃったところに、何か強固とした「意志」のようなものを感じました……。

めちゃめちゃモノマネしたくなりました。

ハラハラしたのは中森明菜《なかもりあきな》さん。メイクもすごく薄い感じ。お話しなさる声も静かで、ひそやかな感じ。しかし、いざ歌になったらヒット曲を、パッと豹変して歌ってくださいませよ〜！　ノックアウトされるのを国民、待ち望んでおります！　と思ってたのですが、そうではない、また新しい世界でしたね。そして歌の途中で謎の野生動物登場……。

こちらにも何か「意志」のようなものを感じました。

そりゃそうか。そりゃそうですよね。

しかし、繊細な彼女が出てくれただけでもありがたみがありました。こういう謎めいた部分こそが、彼女の個性。ハラハラさせてくれるのもまた妙技というものかもしれません。

そのあと、中森明菜さんのドキュメンタリーを観たら、本当に紅白に生で出演なさってたという事実に正直びっくりしてしまいました。

ヘッドフォンしたままで司会者と会話している彼女の姿に、私はてっきり収録しておいたものを生っぽく演出してるのだろうなあ、と、ぼんやり思っていたのです。

すごい緊張だった事でしょうね……。ありがとうございました。って、私がお礼を言うのも変ですが。

司会の吉高由里子《よしたかゆりこ》さんもすごくよかった。紅組の司会って、いかにも上手、という方よりもちょっと天然な方がやっぱりいいんだ、と思いました。

朝ドラ「花子とアン」の出演者が全員で駆けつけてくれたシーン。吉高由里子さんは本当に知らされてなかったようで、とても驚いていた様子。

そして、驚きながら発した言葉が「みんなあ〜、ヒマなのお？」。

その時の皆さんのぎょっ、とした表情が忘れられません。

ヒマじゃねえよ！　むしろせわしないわ！　あんたのために！　です。

笑いました。無垢って、おかしみがあるんですよね。予定調和を崩してしまう。紅白たるもの、しっかりと練りあげた予定調和を目指し、誰もが懸命にリハーサルなどしているというのに。

でも、それだけにとてもいいシーンでした。

現在放送中の朝ドラ「マッサン」の主題歌、「麦の唄」を歌われた中島みゆきさん。わ〜、いつのまにか衣装が変わった、と思ったのもつかの間、歌い終わったあとに、ニコニコとステージから降りて、まっすぐ歩いていったのにものすごくぎょっとしました。

どこへ行くのだ？　何があったんだ！

そしたらその先に待っていた「マッサン」の主役夫婦と3ショット、という演出だったのでした。歌だけでありがたみがあったので、あれはいらなかった気がしました(うるさいよ)。

全体を通してのMVPは、郷ひろみさんの隣でダンスを披露なさったバナナマン・日村《ひむら》さんではないでしょうか。よくあんな風にスパッと踊りきれたものです。ものすごく盛り上がったし、面白かったし、郷ひろみさんの人柄の良さも一緒に踊っていた。まさにめでたさに尽きる光景で、感動してしまいました。

つい紅白にはコーフンしてしまう私ですが、ついこないだ、一月のラジオでご一緒したナイツのお二人は、「ラストを飾る松田聖子さんにグッジョブ、とばかりに親指でサインを送る和田《わだ》アキ子《こ》さんのモノマネ」を即座にしてました。

これもなんだかおかしかった。

しかし、私のジムのインストラクターは、こんな事を言って、私を仰天、ガッカリさせました。

「恥ずかしい話、紅白歌合戦というのは、てっきりお正月にやってるものだとばかり思ってました。にぎやかだし。年末にやっている事を初めて知りました」

さすが二十代……。

つか、ついて来いよ！

趣味の演芸

酒井順子

清水ミチコさま

二〇一五年の私のライブ初め。それは他でもありません、「清水ミチコ一人武道館～趣味の演芸～」であります した。一月二日に日本武道館で開催されたこのライブにおいて、まさに初笑いとあいなりました。

思い起こせば、「二人武道館」の開催から一年と三日前。すなわち、二〇一三年の十二月三十日も、私は武道館で清水さんのライブを見ておりました。この時は「国民の叔母・清水ミチコの『ババとロック』」と題して、様々なミュージシャンやお笑い芸人さん達が登場されたのであり、この年の笑い納めとなりました。

そして今回は、清水さんお一人での武道館ライブ！　いやがうえにも、期待は高まります。とはいえ清水さんをはじめ開催される側の皆さんは、一月二日という日程に、不安を覚えることもあったのでしょう。お正月に大丈夫なのか、と。

しかし考えてみると、一月二日というのは割と暇な人が多かったりするものです。元日はさすがに家にいた方がいいだろう、などと思うけれど、二日はそうでもない。

新年会は三日だし……という感じで、二日は意外と空白の一日になりがち。私も、箱根駅伝における青山学院の感動的な山登りを見てから武道館へ赴きました。

もちろん武道館は、超満員。ダフ屋さんも、お正月から頑張っています。今回は、「紅白の直後」に開催されるという点でも、ますます期待は高まりました。清水さん、今回の紅白においては何に注目されたのか……ということは、清水ミチコファンの間では、一年を占う重大事なのですから。

幕が開く前から、会場内では期待と興奮が高まります。新年の挨拶をしたり、紅白の感想戦が交わされたりと、おめでたい気分がそこここにあふれる。

清水さんのライブのお客さんは、男と女の中間くらいな感じの男性の比率が多いことでも知られていますが、私のすぐ後ろにも、その手の男性達のグループが座っていました。彼等も大晦日には紅白を見た模様で、

「美輪さんの『愛の讃歌』がさぁ、ものすごくみっちゃんに似てたのよね〜」

などという言葉が。

私はそれを聞いて、思わず後ろを振り向いて、

「そうそう！」

と同意したくなったことでした。

美輪明宏さんは、三年前に「ヨイトマケの唄」で衝撃的な紅白初登場を果たして以来、連続出場中。二〇一三年には北島三郎さんが紅白を引退されたというのに、サブちゃんよりも一歳年上の美輪明宏さんは今回、出場三回目にしてトリ前を務めあげるという活躍っぷりです。

大晦日、じっくりと紅白を見ながら、いよいよトリ前の、美輪明宏さん。「愛の讃歌」を聞いた時、私は笑わずにいられませんでした。もちろん、その歌声が清水さんのそれに似すぎていたから。

清水さんが美輪さんの真似をしていることは、重々承知しているのです。が、今となっては美輪さんが清水さんの真似をしているように思えてきてしまう。笑うべき場所ではないのに笑えてしまうのが申し訳なくて、懸命に笑いをこらえた私でした。

ですから一月二日、武道館において清水さんが「愛の讃歌」を歌われた時の感動と爆笑といったら、ありませんでした。身をよじって笑いつつ、でも「愛の讃歌」は良い歌なのであって、私は笑いと感動は両立するということを初めて知ったのです。

いつも最後に歌われる、矢野顕子さんの真似においても、今回は驚きの新趣向が！ここでも私は笑いと感動で泣かされまして、新年初笑い&初泣きはおおいに盛り上がって終了いたしました。

すっきりとした気分で武道館からの帰り道を歩きながら、私は「お正月というのは、そもそもこういうものだったのかも」と思ったことでした。

今となっては事実だったかどうかもはっきりしませんが、子供の頃のお正月、獅子舞が門付けに来たような記憶がぼんやりとあります。赤い頭のお獅子は派手で華やかで賑やか。お正月はそもそも、そういっためでたい芸能を見て、パッとした気持ちになるものだったのでしょう。

そういえば歌舞伎座でも、一月二日から初春大歌舞伎が開催されています。宝塚ファンの友人によれば、宝塚市の宝塚大劇場では、元日から鏡割りや公演が行われて、ファンにとってはそこに行くことが初詣感覚の大切な行事になっているのだとか。

お正月に行われる芸能というのは、どれも縁起が良くて明るい演目です。見た人が「今年も一年、良い年になりそうだ」と、スカッとした気持ちになることができるという意味で、「正月芸」というのは、芸能の原点にあるものかもしれません。

そういった意味で、清水さんの武道館ライブはまさに、満員の観客全員を、スカッとさせまくって終了しました。ゲラゲラ笑って「年が明けた」「いいことありそう」と感じさせて下さったのです。

それに加えて一月二日というのは、叔母さんと初めて会って年始の挨拶をするにも、絶妙なタイミング。国民の叔母・清水さんとしては、新年二日の武道館公演を毎年恒例の行事にするというのって、いかがでしょうかね……？

芸能水まわり

清水ミチコ

酒井さん、武道館公演、観に来てくださった上に、嬉しいお言葉ありがとうございます。一生の記念になりました。

ちなみに、友達とそのお母さんも観に来てくれてたのですが、後日、そのお母さんが言ってた言葉も忘れられません。

ライブの感想を述べてくださったあとで、「清水さんに言う事じゃないかもしれないけど、武道館のトイレ、知ってた？　案外、和式も多いのよ。アレは考えものね〜。外国の方なんか困るでしょう？」との事。笑いました。

サッパリした面白い人なのですが、「次のオリンピックまでにトイレを洋式に総取っ替えがいいわね」と、おっしゃってました。私の立場で言えるか！　ですが、このツッコミにはニヤニヤしてしまいました。

公演がWOWOWでオンエアされ、それを「観た」という男性芸能人の方のお言葉にはもっと意表を突かれました。武道館に立った事のある方です。

「清水さん、終演後、武道館のシャワー使った？」

「え？　使いませんよ」ときょとんとする私。

あれは、置物みたいなもんで、誰も使わないだろうとばかり思っていました。なぜなら終演後に、ミニ乾杯があったり、知人に会ってしゃべったり、仕事仲間に挨拶もしたい。だいたい私は商売屋の育ちのせいか、こういう時に一分でも人を待たせたくないのです。

しかしその方はさすが大物でした。

「あれは、いいもんだよ……」と言います。「ああ、このシャワーを、ビートルズもスタン・ハンセンもジャイアント馬場《ばば》も使ったんだ……と思うとね。やっと自分の実感がわいてくるんだ」

ロマンティストか！　でした。やはり女の方がどこか現実的なのでしょうか。

そういえばミュージシャンの方などは、やはり終演後、楽屋に挨拶に行くと一時間ほど待つ事が普通にあります（待つのは平気な私）。あれはそうか、シャワーとか浴びてらしたりするんでしょうかね。なんなんだ、シャワー。

いつだったかは、番組の収録でお会いする中年の俳優さんの楽屋に挨拶に行く事があり、ノックしたら、バスローブ姿でいらっしゃって、うっかり笑みがこみあげました。決まりよすぎる。やはりこの時も楽屋に設置されたシャワーをお使いになってた、と私は読みました。なんなんだ、シャワー。

なんなんだ、と言えばもう一つ、楽屋花。いつか、タレントのマネージャーをやっていた知人が、こんな発明を口にしてました。

「もしもボクがやり手で、会社を起業するとしたら、芸能界専門の花屋を立ち上げたいな〜」

なーるほど、と私はヒザを打ちました。確かに、花屋さんと劇場、そして芸能界というものは、切っても切れない仲。しょっちゅうお祝いにお花をもらいあっている仲。今回は観に行けなかったから、お花。ご招待を受けたから、お花。その他、なんとなく、お花。「今月だけでスタンド（花）に二十万も使ってた」という売れっ子の方もいらっしゃる。

そのワリにはそれ専用の花屋さんがいまだ都内にコレといってないのも現実。劇場にナマ花をいつまでも置いておけないルールもあるので、ほんの数時間飾られただけであっさり捨てられちゃう高価で美しい花の命。長期間の公演であればあったで、花はしおれてしまい、とたんに異臭を放つ。それが自分の名前でのお花だったりすると、肩身が狭い思いをするという。

昔ならばお客さんに「よかったらお花、記念にお持ちください」などと言ったりすれば喜ぶ人もいて、会場側も捨てる作業の手間がはぶけ、助かってたらしいと聞くのですが、最近はそれも床がちらかったり、汚れたりする恐れがあるため、NGなところが増えているとか。もっと厳しいところになると、そもそもロビーに花を置いちゃダメってとこもあって、そうなると楽屋の廊下のトイレ前に置かれる華麗なお花。TPOの元も子もありません。

それらを見てきた知人は、「ああ、もったいない。うまく再利用すればいいのに、とオレは毎回思ってたんです」との事なんですね。

この花のやりとりって、日本だけなのですかね。あんまり海外での公演を観た事がないのでわかりませんが。ロビーに飾るもので、「花に代わって名前も出せる何か別のもの」があってもよさそうなもんですけど、これが案外思いつきません。どれもセコくなっちゃう。ま、こう考えている事がそもそも一番セコいのですが。

往年のヒット

酒井順子

清水ミチコさま

なるほど、ライブ会場のお花ってどうなるのだろうといつも思っていたのですが、そんな運命を辿るのですね……、もったいない！　しかし一月二日の清水さんライブの時に武道館に並んだお祝いのお花は、実に壮観でした。何と幅広くそして面白い人のつながりだろうと、清水さんのお人柄を感じさせるお花だったものです。

ところで清水さんは、ご自身のモノマネのレパートリーの中で、最もウケるものはこれ、とお感じになることはありますでしょうか。

ちなみに私が最も興奮する清水さんのモノマネベスト3は、杉本彩《すぎもとあや》さん、美輪明宏さん、瀬戸内寂聴さんです。性と生とを超越した感じの方々ですね。

清水さんのモノマネで「これが好き」というのは、人それぞれ好みがあることと思いますが、「実はもう飽きてきたのだけれど、人気がありすぎて、止めるに止められない」というものは、無いでしょうか。

そんなことを思ったのは、最近つくづく、「演歌の人は、えらい」と思うからなのでした。私は以前にも書いた通り八代亜紀さんのファンでして、石川《いしかわ》さゆりさんなども好きという演歌ファンなのですが、演歌の方というのはコンサートにおいて必ず、往年のヒット曲をきっちり歌って下さるのです。八代亜紀さん「舟唄」、石川さゆりさん「津軽海峡・冬景色」など聞けば、いつでも嗚呼、目頭が熱くなる……。

と、観客の側は演歌コンサートにおいて往年のヒット曲を聞くことができておおいに満足するわけですが、「歌手の方は、歌い飽きることは無いのだろうか」と思うことが。

「舟唄」は一九七九年、そして「津軽海峡・冬景色」は一九七七年の発売ということで、それぞれ四十年近く前のヒット曲。それをずっと歌い続けていれば、「あーあ、もっと違う曲が歌いたいのに」と思うこともあるのではないか。

以前、とある往年の名歌手の方のコンサートに行った時、かつてのヒット曲を期待して行ったのに一曲も歌われず、前衛的と言っていい新しい曲ばかりが歌われたことがありました。私達は、

「知らない曲ばっかりで、ちっとも面白くなかった」

「自分が歌いたい曲よりもさ、観客が聞きたい曲を歌うのが筋じゃない？」

などと、コンサート終了時に仏頂面で話したものです。

しかし今になってみると、その歌手の方の気持ちもわかるのです。かつて大ヒット曲を歌った方というのは、その後何年経とうとも、ヒット曲ばかりを周囲から求められる。それがファンサービスであるとは知っていても、「いい加減、新しいことをさせてくれ」と思いもしましょうぞ、と。

それというのも私も、かつて書いた『負け犬の遠吠え』という本が少しばかりヒットしたのですが、するとその後十年以上が経った今も、何かというと「負け犬の酒井さん」と言われるのです。負け犬から十余年が経ち、私も齢五十にも近づけば、今や晩婚化問題よりも高齢化社会問題の方に興味は移行しているわけですが、晩婚化問題についての意見など聞かれることも多い。「もう、その手の話題については、さすがに三十代くらいの人に聞いた方がいいのではないかえ？　今時の娘さん達の気持ちは、さすがにもうわからんのじゃ……」と長老気分で思いつつも、昔とった杵柄ということで、ペラペラ話している自分がいます。

そんな時に私は、「演歌歌手の人って、えらい……」と思うのでした。八代亜紀さんも石川さゆりさんも、三十年以上前の曲を求められても、嫌な顔ひとつ見せません。常に情感たっぷりに、したたる色気とともに歌い上げているのですから。

しかし、それがプロというものなのでしょう。何百回、何千回と繰り返して歌おうと、常に一定以上のレベルを提示して新鮮な感動を観客に与えることができるのが、演歌歌手の皆さんなのです。

何百回、何千回と繰り返して人々から求められるものこそが、古典として残り得るものなのだとも、言うことができましょう。「同じ演目ばかり繰り返してプレイする」といえば、歌舞伎や能といった伝統芸能がその典型であるわけですが、再演を重ねれば重ねるほどに演目は磨かれていき、風格が加わるのです。

とはいえ古典が磨かれて固定化していくと、今度は新しい演目をヒットさせることが難しくなっていきます。歌舞伎においても、宮藤官九郎《くどうかんくろう》さんなど、現代の作家さんが脚本を書いた新作が上演されることもありますが、なかなかそれが再演、再々演とはならない模様。古典演目ががっちりと確立されている中で、新作が古典化するには、とても高いハードルがあるようです。

となると三十年以上前の「舟唄」や「津軽海峡・冬景気」を歌うという行為は、すなわち自らの曲を古典化する過程。一回歌う毎に、曲はつやつやと輝きを増してゆくようです。

そう思うと「負け犬の酒井さん」と言われ続けるのもありがたいことなのかもしれません。とはいえ負け犬の場合は、当方が還暦を迎えるくらいになれば、さすがに言いにくくなってくるに違いありません。負け犬と言っていただけるうちが花と思って、その名前を味わっていようと思います。

ボイパと客席

清水ミチコ

さっき、テレビ番組の収録がありました。

メイク室にいたら、隣の席で若い男性が、ちょっと待って、と言いながら「髪型をもっとこうして欲しい」とか、「あ、ここはもっと立てようかな」など、注文をつけていました。

めずらしい、と思い私の神経はそっちに釘づけに。

だいたい、男性のタレントはメイク室になんとなく居づらそうにしているもの。そしてできるだけ「ちゃちゃっとやってください」などと言いつつ、すぐにハケようとする、というのがよく見かける姿なのですが（特におじさん）。

でもこの方は、ひとりじっと自分を見つめ、目を細めたりして「いい感じ」（↑ローラの言い方で）になるまで、ねばっておられる。

やっぱり世の中の男の子は変貌しつつあるんだな〜、と思い、彼が去ってから「ね、あの方どなたでしたっけ？」とそっとメイクさんに聞いてみたら、ボイスパーカッションをする新人さん、との事でした。

私は鏡を見ている自分の姿、を見られるのが苦手です。メイクさんに頼むときも「テキトーで」などと言い、トイレなどでも、大きな鏡に隣の人と一緒に映っているのが耐えられず、ちゃちゃっと手を洗って下向きのままで去ったりする。

誰もこっちなどそう見てない、思ってない、感じてもいないのは重々承知なのですが、どうも居づらい、とばかりにメイク室でそそくさと席を立つ男性たちの気持ちの方がよくわかる。

こないだも書いたけど、最近の人たちは自撮りの際には目をパッチリして、口をとんがらせる、など最高の一枚のショットができるまで、そのこだわりを隠しません。自撮り棒、なんてのまで登場してますもんね。あるお店で発見して（ホントにあるんだ！）とじっと見つめてしまいました。

自分が好きなのかな、とも思いますが、もしかしたら自分の理想の一枚を撮ることによって、自己確認したいのかもしれません。

私はきれい、私は幸せなんだと安心し、それを他者にも発信したい。

案外のんきなのかな。それとも、何かに漠然とした恐怖があるのかな。

どっちにしても、自意識が高いのはむしろ、そそくさと席を立ちたがる私たち、じじばばの方かもしれません。

誰も見てないっつの。

モニターを見ていたら、その彼がボイパを披露していました。

客席もまだそういったパフォーマンスに慣れていないのか、どうノッたらいいのか難しそうではありました。手拍子も変、つか邪魔になる。ここだ、というところで拍手をしたら、まだ終わってなかったらしく、（あ、ごめん）という空気になったりしてました。

ボイスパーカッションって、そもそもがまだこれからという文化なのでしょう、客席と一体になるというより、ただ一方的に聞いてもらう、という感じなんですね。（終わった？　拍手していい？）みたいな。

一度、ものすごくヘタなボイスパーカッションの人のマネ、というのも聞いてみたいな～、と思いました。ブッブブッブ言うんだけど、客がノれなくって困る、っていう（おまえがやれよ）。

先週は下北沢の駅前で若い男の子たちが、円陣を組むようにしてラップで今の気持ちを言いあっていました。

こっちはなかなか面白く、歩調をものすごく遅くして聴きたくなりました。

ボイスパーカッションが孤高に一人練習し、完成にまで高めたものだとすると、ラップはもう少しグルーヴ、波長みたいなものまで見せてました。

その時の感情、気持ちをその場で言葉にしてリズムに乗せていく。

即興で言葉をまとめるって、なぜあんたらできるんだ、なんてうまいんだ！　と、驚きました。縄跳びの、輪の中に入っておいで、みたいな。

「カモンこの中へ。つまずいた、ならもう一度、おまえならできる、ワンチャンス、モア、トライして」

みたいな感じで実際、間違えた人にも合いの手をうまく入れつつ、やってのけてたのです。

すげー。

この連載も、早いもので、もう最終回（イエ）、おまえと（イエ）、どこかでまた（イエ）、しゃべったり（イエ）、飲んだり（イエ）、笑ったり（イエ）、泣き叫んだり（イエ?）、ヨ・ロ・シ・ク！（イエイ！）

と、二人決まったところでカメラ目線になり、自撮り棒でパチリ。

話芸と文芸

酒井順子

清水ミチコさま
　先日は「ラジオビバリー昼ズ」に出演させていただきまして、誠にありがとうございました。他人様と比べるとどうやら自分は低テンションであるらしいということはずっと自覚しておりましたので、最高レベル（当社比）にテンションを上げて臨み、「浮かれてるって思われないかしら？」などと密かにドキドキしていた私。しかし清水さんから、

「声の圧が弱い！」

「もっと乗って！」

と尻を叩かれ、「これでもまだ足りないのか！」と思ったことでした。

　確かに、清水さんやアナウンサーの飯田《いいだ》さんのお声は、くっきりはっきり聞こえるのです。それに比べて自分の声は、薄墨みたいに輪郭ぼんやり。これぞプロとアマの差、というものですね。

　生放送であるからこその躊躇《ちゅうちょ》、というものも感じました。思ったことをそのまま話

していたせいで、子供の頃から数々の舌禍事件をひき起こし、小学校の卒業文集における「短所」のところに「口が悪い。人をすぐきずつける」と友達から書かれた私。次第に「思ったことをそのまま話してはいけないらしい」と学ぶこととなりました。ですから、生放送で好きなように話してしまったら、大変な結果になってしまうのではないかという恐怖心も……。

話すときつく聞こえても、文章に書くとそれほどでもないことは多々あります。また、文章に工夫を加えることによって、本当はきついことを書いているのに、一見そうは感じさせないようにすることもできる。私が書く仕事を選んだのは、その辺りのせいもあるように思います。

また、「話す」に限らず「声を出す」ことによって成立する芸は、基本的に一回性が重視されます。録音して編集して……ということもあるかとは思いますが、清水さんにしても、また歌手や落語家といった方々でも、お客さんを目の前にしたら、あとは一回こっきりの勝負。

対して本や雑誌といった印刷物に文章を書く仕事は、印刷というタイムリミットが来るまでは、いくらでもやり直しがきくのです。原稿を書いたならば、編集者さんがチェックして、さらには間違い等が無いかを確認する専門職である校正の方がチェックして、問題点を指摘して下さる。最初に書いた文章がそのまま印刷されるということは、まずありません。

　このように、文芸という芸は、一回こっきりという〝本番感〟が、他の芸の数々と比べると極めて薄いのですね。「ラジオビバリー昼ズ」においては、ただお話をするのみならず、リスナーさんからのおたよりを読んだり、

「道路交通情報センターの○○さーん！」

と呼びかけたりと、様々な本番仕事を思いがけず割り振られたのですが、ですから私は普段使用していない神経をフル活用して、朗読や呼びかけにトライしたのでした。

　さらには放送前に、

「実は私、瀬戸内寂聴さんのモノマネなら、できます」

と豪語してしまった私。清水さんの瀬戸内さんのモノマネを見て大いに感動してから、たまに一人で練習していたのです。それをなんと、清水さんの瀬戸内さんモノマネの直後に披露するという暴挙に……。結果はもちろん自爆、となったわけですが、私としてはある種の達成感を得たことをここに告白しておきましょう。

　そしてラジオで清水さんと話していてもう一つ、私は大きなことに気づくこととなりました。高校生の時「ポパイ」に泉麻人《いずみあさと》さんが書かれていた「東京大学分類」的な

コラムを読んで、「これなら私にも書ける」と「東京女子高分類」的なものを書いて「オリーブ」に送ったのが、私のデビューのきっかけ。そんな話をしていると清水さんが、

「ああ、やっぱりモノマネなのねー」

とおっしゃったのです。

その言葉を聞いて私は、「そうか、あれはモノマネだったのか！」と、衝撃を受けました。考えてみれば確かに、女子高生であった私が授業中に書いたものは、泉さんのコラムに対する文章版のモノマネに他なりませんでした。私の芸もモノマネから始まった……ということを、デビューから三十年が経った今になって、初めて知ったのです。

そういえば、「学ぶ」という言葉の語源は、「まねぶ」。古語辞典を引けば、真似をする、事実をそのまま伝える、学習する……というのが「まねぶ」の意。真似＝習うこと、なのですね。最初からオリジナルなものを作ることなどできるはずも無いわけで、先人の行跡を見て、その後を自分も歩いてみよう！と思うところから、誰しもスタートする。私もモノマネ仲間だったんだ〜と思って、すっかり嬉しくなったのでした。

ところで私は、瀬戸内寂聴さんのみならず、清水さんがなさっているモノマネを時折、自分でも試してみることがあるのです。清水さんによる杉本彩さんの声で、

「たまらないですよね」

と言ってみたり、清水さんによる綾戸《あやど》智恵《ちえ》さんの声で、

「なんかちょーだい！」

と言ってみたりする。……というわけで、清水さんのモノマネを「まねぶ」べく努力しているのですが、私による瀬戸内寂聴さんのモノマネをお聞きになって、モノマネ分野における私の将来性、清水さんはどう判断されたでしょうか。この連載は今回で終了するわけですが、忌憚の無いご意見を、今度そっと教えていただければと思います。そして二年にわたるエッセイのやりとり、本当にありがとうございました！

あとがき

清水ミチコ

酒井順子さま

いつか、酒井さんと対談したときに、「対談みたいな連載、二人でやりましょうよ」と、気楽に誘った私。

自分が文章を書くのが好きなせいもありますが、その晩の会話が楽しかったのも手伝って、つい軽い気持ちで口に出してしまいました。

翌朝、私はハッ、と気がつきました。

プロに対して「一緒に文章を書いてください」なんて言うのは、常識的にひどいんじゃないか？　と。

趣味で気楽に書いてるのではない。仕事として、締め切りと戦いながら書いていらっしゃるであろうに、あんまりだったんではと。

それは、著名な医師に対して「手術、いいですよね。あ、オペ、御一緒させてくださーい」。

歌舞伎役者に対して「綺麗だったワー。私も一緒に舞ってもいいですかー？」。

宇宙飛行士に対して「私も宇宙大好きなんです。一緒に操縦させてくださーい」。みたいな話なのです。

しかし、気持ちよく連載を許してくれた酒井さんの、心の広さ、気持ちのおおらかさ、あきらめの良さ。

それに比べ、酒井さんが披露してくれた瀬戸内寂聴のモノマネには、ダメ出しする私。

さらには、ラジオの本番中「泉麻人さんのコラムに影響を受けた」という酒井さんに「モノマネだったんだー」と感心してしまうという、不躾な私でした。

思えば、高校時代も、（あー、今日も友達と楽しかった〜）という放課後を過ごした翌日、一人なんとなく口を利いてくれない女子がいたりして。

（あれっ？　昨日はあんなに笑っていた、あなたがなぜに？）でしたが、おそらく私ははしゃぎすぎ、調子に乗って、シンラツな事を言ってしまってたのに違いありません。

昔といい、今といい、やはり口の悪い性分に生まれついているのでしょうね（反省しろ）。

しかしながら、昔から「のどもと過ぎれば」とも言うではないですか。

おかげでこんな本ができた事は、大きな収穫であり、長年の酒井さんのファンである私の、自慢できる財産となりました。

逆にありがとう、あの時の私（負けん気）。

そして酒井順子さん、本当にありがとうございました（二番目）。

解説

光浦靖子

お二人のリレーエッセイの解説って……解説？　なにを？　無理でしょ。なので、清水さんと酒井さんについて書きます。清水さんとはプライベートでのお付き合いがあるので、だいぶ違いがでてしまいますが……。

清水ミチコさん。女芸人の先輩です。大好きな人です。最近は文字「清水ミチコ」と見るだけでもウキウキします。楽屋のドアにこの文字があると、興奮しちゃって、ノックがついガンガンガンガンッ!!　と取り立て屋みたいになってしまいます。清水さんは「先輩の楽屋！　マナー！」と鼻と頬をふくらませて面白い顔して怒るか、

「もう、マジやめて。びっくりするからー」と泣きそうな面白い顔して怒るか、どっちかです。面白い顔をしてるので、怒ってはないと思います。そして、私にごはんをごちそうしてくれる人、ナンバーワンです。ちなみに、ナンバーツーは大竹まことさんです。つーか、その二人くらいしか仲良くしてくれる先輩はいないです。

そもそも、清水さんを先輩と言っていいのか。清水さんは、今、芸人で最もお客さんを呼べる人です。毎年、全国ツアーの上、武道館をいっぱいにしてるんですよ。そして爆笑です（ちなみに私は、フジコ・ヘミングと、FAXと、寂聴先生の物販が大好きです）。私はネタから長いこと逃げ続けているので、私には芸がないので……モノマネ、つまり清水さんが偽物を演じれば演じるほど、自分こそが偽物だと、ひしひしと感じます。でもそんなこと清水さんに言ったら「めんどくさい」と思われるので、黙っています。便宜上、そのくくりで仕事がくるので、私はしらっと女芸人と名乗っています。お金が大事、お金が欲しいからです。

清水さんとは、私が三十代の頃からのお付き合いです。ザ・先輩後輩、という関係よりゆる〜く、「国民の叔母」というキャッチフレーズのように、私は理想の叔母さんだと思ってお付き合いしてます（失礼）。だって、この世でごはんをお代わりして褒めてくれるのは、お母さんと清水さんだけなんですもん。四十七歳の女のお代わりのどこに褒めポイントがありますか？　もう、身内でしょう。

清水さんは私から見ると、なんでも受け入れる、間口のとんでもなく広い人、です。ある日、清水さんから電話がありました。「料理作るから、うちでごはん食べない？あ、誰か適当に五人くらいみつくろって」と。まるで刺し盛りを注文するみたいな。適当にみつくろって？　だって、家にあげるんですよ。知らない人が交じってもいいんですか？　でも、「へーき。信じる」それだけです。

たとえば、飲み会などで初めましての人がいました。なんつーか、これといって悪くはないんだけど、なんだかなぁ……な人。私だったら「なんかやだな」と違和感を覚えるだけで終わるのに、清水さんは、その人のその違和感をまず笑います。そして笑いながら、逐一ツッコんでいきます。清水さんがツッコむから、その違和感がだんだん面白くなり、笑いとなり、まるでその人が場の中心人物だったような、愛される人に昇格することがあります。実はツッコミの名手です。でも「ほら、清水の手にかかったら、なんでも面白く料理できますよ」「おー！　すげー!!（拍手喝采）」とはなりません。清水さんのすごいところは、ちゃんとナメられるんです。ここ、すごいことなんでもう一回言います。ナメられるんですね。その違和感の人でさえナメて、自らボケ始めたりします。周りは「清水さんに、つまんねーボケしてんじゃねーよ！」

とはなりません。「清水、最後までちゃんとツッコめよ!!」になるんです。どうしようもないボケに対して、あたふたする清水さんを、周りは笑うんです。こんなキュートなピースフルな親分いませんよ。

私は芸能界で気付いたことがあります。それは「面白い人ほどよく笑う」です。きっと、私たちには見えない面白粒子が見えるんでしょうね。清水さんはほんとにいつも「ふぉふぉふぉふぉ」と笑っています。

酒井さん。ラジオで一度、雑誌の鼎談企画で一度、ご一緒したくらいです。こちらが一方的に酒井さんの本を読んで、一方的にファンになっています。初めて読んだのは『負け犬の遠吠え』でした。なんて頭のいい人だ、と思いました。小学校の頃、先生が言ったことを思い出しました。「易しいことを難しく書くのは頭の悪い人。難しいことを難しく書くのは普通の人。難しいことを易しく書くのは頭のいい人」。女性が女性の結婚について書くと、なんか感情的というか、思想が入るというか、そういう女性がつい出してしまうべっちゃり感がなくていいな、と思いました。勝手に、クラスで目立つグループにはいないけど、自分には確固たる座標軸があって、けっしてナメられない人だったんだろうな、と想像しました。もし先輩にいたら、地味に憧れるな、と。そう、地味に。誰にも言わずに（これも失礼か？）。

『負け犬の遠吠え』を読んだのは二〇〇三年、私は三十二歳でした。そこには、どういう人間が勝ち犬（結婚する女）になるか、負け犬（独身の女）になるか、そしてその生態が書かれていました。それを読んだ私は、なるほどー、と思いました。そして「なんやかんやいって独身の方が楽しいから『負け』という言葉を隠れ蓑にしなきゃ、そりゃ主婦がやっかむよな」なんて思ったのでした。

そして四十代半ば、鼎談企画で酒井さんにお会いしました。酒井さんは、髪を一つ縛りにし、メガネをかけていました。ぱっと見、地味ですが、よく見るとキレイな人でした。ファッションも一見地味なようですが、オシャレでした。おさえるところはちゃんとおさえていました。そこ、そこ格好良くない？　できるがやらない、ほど傲慢でなく、できると言い切るほどできるわけではないが、平均よりは確実にできる。が、そこを自慢にするほど興味はない。ザ・東京の風。「きゃ、憧れの先輩、登場だわ」なんて勝手に思ったのでした。

撮影も終わり、なんとなく打ち解けた空気になったので、私は『負け犬の遠吠え』の感想を伝えました。すると酒井さんに言われました。「逆、逆。負け犬にならないようにって書いたのにー」と。はい？　マジでか？

読み直しました。恐ろしいことに、それは「予言の書」でした。どうして私がこの歳まで一人でいるのか、全てが書かれていました。三十五歳の壁。当時、三十二歳だった私は、そこに書かれている典型的サンプルのように、全く、先輩方のアドバイスに耳を傾けようとしない人間でした。負けていることを自覚していない負け犬「感じていない負け犬」のところには、サラリと「当然ヒマなのだけれど、お稽古事に通いつめて、フルートが巧くなったり、刺繍の大作を仕上げたりしている。」と書かれていました。サラリとね。でもこれが、まさに、現在の私でした。四十代になって私はサックスを吹き、手芸の本を出すようになりました。震えました。「なんで早く教えてくれなかったんですか！」とは言えないんですね。私の本棚にずーっとあったのだから。

『子の無い人生』こちらのほうは、四十代半ばに読みました。初めから、というか、題名から震えながら読みました。

お二人とも私の憧れの人です。お二人とも私より年上なので、私は素直に憧れることができます。この本にも書かれているように、お二人は似ています。目立つことが嫌いで目立つことを生業にしているところなんて。酒井さんは一人で本を書き、清水さんは一人で舞台に立ちます。どちらも自分一人で思いのままになることしかやらない。でもそれは、責任を自分一人で受け止めることだから、強いんだ。この中で一番目立ちたい、と、矛先が他人に向いてないから、かっこいいんだ。人を観察することが仕事の核であるのに、人を観察することに長けているのに、人に囚われないなんて。なにか不満なりチクリといきたいときも、けっして否定という簡単な手段を使わず、傷つけず、エンターテインメントに変えるんだ。なんなら優しい人に見えるんだ。実際、お二人は優しい、私はそう思います。

お二人が血を流して作ったプロフェッショナルな道を辿ることはできませんが、体の老いは辿ることができます。お二人が先に老いてくれることに私はすごく安心しています。きっとお二人なら、どんなことも笑って、上手に楽しむんでしょう。その素敵ないなし方を私はマネしていきたいと思います。

——芸人

YOU' VE GOT A FRIEND IN ME
Words and Music by Randy Newman
© 1995 WALT DISNEY MUSIC COMPANY
All Rights Reserved.
Print rights for Japan administered by
Yamaha Music Entertainment Holdings, Inc.

JASRAC 出 1806687-802

この作品は二〇一五年十月小社より刊行されたものです。

「芸《げい》」と「能《のう》」

清水《しみず》ミチコ　酒井順子《さかいじゅんこ》

平成30年8月5日　初版発行
平成30年8月25日　2版発行

発行人――石原正康
編集人――袖山満一子
発行所――株式会社幻冬舎
〒151-0051東京都渋谷区千駄ヶ谷4-9-7
電話　03(5411)6222(営業)
　　　03(5411)6211(編集)
振替00120-8-767643

印刷・製本―中央精版印刷株式会社

装丁者――高橋雅之

検印廃止
万一、落丁乱丁のある場合は送料小社負担で
お取替致します。小社宛にお送り下さい。
本書の一部あるいは全部を無断で複写複製することは、
法律で認められた場合を除き、著作権の侵害となります。
定価はカバーに表示してあります。
Printed in Japan © Michiko Shimizu, Junko Sakai 2018

幻冬舎文庫

ISBN978-4-344-42764-8　C0195　し-31-3

幻冬舎ホームページアドレス　http://www.gentosha.co.jp/
この本に関するご意見・ご感想をメールでお寄せいただく場合は、
comment@gentosha.co.jpまで。